Mr. Sweet Potatoes und andere Geschichten

Anonym

Writat

Diese Ausgabe erschien im Jahr 2024

ISBN: 9789359944012

Herausgegeben von
Writat
E-Mail: info@writat.com

Inhalt

HERR. SÜSSKARTOFFELN.

Unser Milchmann hat einen sehr seltsamen Namen – ins Englische übersetzt heißt er „Süßkartoffeln". Seine chinesischen Nachbarn nennen ihn „Altvater Süßkartoffeln".

Manche halten ihn für einen guten Mann; andere sagen, dass er ein sehr schlechter Mensch ist. Wie das genau ist, weiß ich nicht – sein Geschäft bringt ihn in große Versuchung.

Ihm wird vorgeworfen, Wasser in die Milch gegeben zu haben. Er selbst sagt, dass er das nur macht, wenn er nicht genug Milch hat, um alle seine Kunden zu versorgen; dann weiß er nicht, was er sonst noch tun *kann* . Als wir ihn beauftragten, uns Milch zu bringen, nahmen wir ihn mit in unseren Garten und zeigten ihm, dass wir einen eigenen Brunnen hatten.

Die Chinesen im eigenen Land verwenden weder Milch noch Butter. Sie haben eine absolute Abneigung gegen Käse, und in diesem Teil Chinas schmeckt vielleicht nicht mehr als einer von hundert Menschen Rindfleisch. Es werden nur wenige Kühe und Ochsen gehalten, die zum Pflügen der Felder und zum Betrieb der groben Maschinen der Zuckermühlen benötigt werden.

Ich nehme an, „Vater Süßkartoffeln" hatte nie daran gedacht, eine Kuh zu besitzen, bis ausländische Schiffe in seinen Teil des Landes kamen. Natürlich brachten die Schiffe ausländische Männer und Frauen mit, und diese wollten alle Rindfleisch zum Essen – manchmal nannten die Chinesen sie, weil sie verächtlich über sie sprechen wollten, „Rindfleisch essende Ausländer" –, und sie wollten auch Milch zum Kochen und zum Essen ihre Kinder.

Also kaufte Mr. Sweet Potatoes ein paar Kühe, in der Hoffnung, mit dem Milchgeschäft etwas Geld zu verdienen. Sie alle hatten lange Seile um ihre Hörner geschnürt oder durch ihre Nasen gefädelt, und er ließ einige kleine Kinder die Seile halten und die Kühe auf der Suche nach Futter führen; Denn in diesem Teil des Landes gibt es keine Grasfelder, und die Weiden, die die Kühe haben, sind nur die kleinen Grünflächen auf den felsigen Hügeln und die Grasflächen entlang der Bäche. und die Kinder sitzen daneben und schauen ihnen zu, während sie grasen, denn es gibt keine Zäune, und wenn man sie sich selbst überlässt, könnten die Kühe in die Reisfelder verirren oder an Orte wandern, wo sie gestohlen würden.

Seltsamerweise haben wir unsere beste Milch, wenn der Winter das Gras fast abgetötet hat oder wenn das Wetter zu stürmisch ist, als dass die Kühe hinausgehen könnten; Denn dann werden sie mit den Spitzen von Erdnusspflanzen gefüttert, entweder grün oder getrocknet wie Heu, und in großen Bündeln zum Verkauf angeboten. Das ist köstliches Futter für die Kühe, und wenn sie es bekommen, haben wir wirklich gute Milch mit einer dicken, weißen Sahne darauf.

DIE EINHEIMISCHE BUCKELKUH.

Manchmal haben sie zum Fressen Gras gemäht, das von steilen Stellen auf den Hügeln hergebracht wurde, zu denen die Kühe nicht gelangen können. Sehr arme Jungen gehen mit Körben und Messern los, um dieses Gras zu sammeln, und bekommen für die Arbeit eines Tages nur drei oder vier Cent bezahlt.

Mr. Sweet Potatoes hat zwei Arten von Kühen. Einige von ihnen sind einheimische Buckelkühe, sehr klein und sehr sanft; manchmal rot und manchmal braun, mit glattem und glänzendem Haar bis hin zu den winzigen Hufen, die viel kleiner und sauberer aussehen als die Füße von Kühen in kälteren Klimazonen, wo sie im Schnee laufen und in frostigen Ställen stehen.

Diese Kühe haben sehr kleine Hörner, manchmal drei bis zehn Zentimeter lang, aber oft wachsen nur kleine weiße Knospen aus ihrer dunklen Stirn. Auf der Rückseite ihrer Schultern haben sie einen kleinen, sieben bis zehn Zentimeter hohen Höcker. Und fast immer haben die Kühe von Sweet Potatoes ein hübsches, kleines, lebhaftes Kalb dabei; Denn die Chinesen glauben oder tun so, als ob die Kuh sterben würde, wenn das Kalb weggenommen würde, und dass man dem Kalb vor dem Melken zunächst ein paar Bissen Milch geben muss – armes kleines Kalb!

Die anderen Kühe unterscheiden sich stark von diesen; Es handelt sich um Wasserbüffel – Büffel, die den zotteligen Bisons überhaupt nicht ähneln, sondern große, unbeholfene Geschöpfe, die im Sommer gerne in Teiche waten und, geschützt vor Fliegen und Mücken, nur mit ihren Hörnern und nach oben gerichteten Gesichtern in Sichtweite stehen die Oberseite des Wassers; oder, wenn es keine Teiche gibt, in Moore zu wandern und sich halb im Schlamm zu vergraben. Sie sind so groß wie ein großer Ochse, mit sehr runden Körpern und sehr schlanken Beinen mit sehr großen Knie- und Knöchelgelenken. Sie haben die Farbe einer Maus oder eines grauen Schweins, und grobe Haare wachsen dünn über ihrer Haut, während sie im Gegensatz zu den Buckelkühen zwei riesige, halbmondförmige Hörner haben, die von ihren Köpfen abstehen und messen oft einen Meter von einer Seite zur anderen.

Old Father Sweet Potatoes verkauft zehn Pint-Flaschen voll für einen Silberdollar – das sind zehn Cent pro Pint – und im Sommer bringt er uns morgens ein halbes Pint und nachmittags ein weiteres halbes Pint; Denn das Wetter ist so heiß, dass die Milch vom Morgen nicht bis zum Abend süß bleibt, obwohl sie in dem Moment, in dem sie ins Haus gebracht wird, gekocht und dann an den kühlsten Ort gestellt wird, den wir haben, der kein Keller ist, denn Keller können das nicht in Ländern mit viel Feuchtigkeit und vielen Insekten süß und luftig gehalten werden.

Wenn wir auf unseren Spaziergängen auf diese Kühe treffen, zeigen sie oft Angst, insbesondere vor fremden Damen und Pferden, Anblicken, mit denen sie nicht vertraut sind. Die kleinen Buckelkühe tänzeln scheußlich von den Wegen; aber die großen Büffel stehen ganz still und starren uns an, dann rümpft sie die Nase und schnüffelt beleidigt in der Luft, was uns wiederum Angst vor ihnen macht.

DER WASSERBÜFFEL.

Nachts werden sie alle von ihren Wanderungen nach Hause gebracht, und die Seile, an denen sie geführt werden, werden an Pfähle gebunden, die in die Erde getrieben werden; im Winter unter einem Schuppen, im Sommer jedoch im Freien. Es schmerzt den Nacken, sie zu sehen; denn das Seil ist häufig so kurz gebunden, dass sie ihren Kopf nicht aufrecht halten oder ihn sehr frei bewegen können, aber sie scheinen nicht zu leiden.

Neben seinem Geschäft schätzt der Milchmann seine Tochter, die, als ich sie zum ersten Mal sah, ein rundliches Kind mit rosigen Wangen war und die Kühe ihres Vaters hütete. Wenn Sie jemals eine Puppe mit einem gebrochenen Gipskopf gesehen haben, der dann durch Aufkleben eines Streifens schwarzer Seide über den Riss repariert wurde, wissen Sie, wie die Tochter von Mr. Sweet Potatoes aussah.

Sie trug ein Stück schwarzen Krepp, das fest um ihren Kopf gebunden war, damit niemand ihr Haar sehen konnte. Einige Leute sagten, dass sie aufgrund einer Krankheit keine Haare hatte. Wenn ja, muss es später gewachsen sein; Denn als sie älter war und sich nicht mehr um die Kühe kümmerte, ließ sie es sich mit Nadeln auf den Kopf stecken, auf eine seltsame Art und Weise, die zeigte, dass sie heiraten würde.

Sweet Potatoes hatte keinen Sohn und er wünschte, sein Schwiegersohn würde kommen und bei ihm leben, als ob er ihm gehörte. Unter den Chinesen gilt es nicht als so ehrenhaft oder vornehm, dass die Tochter ihr Zuhause verlässt und bei der Familie ihres Mannes lebt. Es schien seltsam, dass der Schwiegersohn zustimmte; denn obwohl er sehr arm war, war er doch auch sehr stolz und legte großen Wert darauf, dass man ihm und der Art von Arbeit, die er zu leisten bereit war, Respekt entgegenbrachte. Ich hätte nie erraten können, warum er so stolz war, aber jemand sagte mir, es läge daran, dass sein inzwischen verstorbener Vater einst ein kleines Büro im Zollhaus innehatte!

SHETLAND-FRAUEN

Nicht weit außerhalb der Stadt Lerwick, auf den Shetlandinseln, gibt es ein großes, schwarzes, schlammiges Stück Land, das Torfmoor genannt wird. Es herrscht völlige Verzweiflung. Es sind nicht einmal Hütten zu sehen. Die Stadt wird von einem abgerundeten Hügel verdeckt; und wenn man durch eine Öffnung zwischen den kahlen Erhebungen einen Blick auf die Nordsee erhascht, scheint auch sie von Menschen verlassen zu sein.

Der Torf oder eine Mischung aus Wurzeln und eigenartiger schwarzer Erde wird hier in großen Mengen abgebaut; und überall liegen große Haufen davon, getrocknet und bereit, in den Feuerstellen der Lerwicker verbrannt zu werden. Torf ersetzt Holz; und in jeder armen Mannshütte auf den Shetlandinseln findet man es hell brennend und einen dünnen blauen Rauch ausstoßend.

Um Torf für den Markt vorzubereiten, ist ein großer Arbeitsaufwand erforderlich. Zuerst kommen die Bagger – Männer, Frauen und Kinder. Beim Eindringen in die tiefen, schlammigen Moore schneiden sie den Boden in etwa einen Fuß lange und einige Zentimeter dicke Kuchen und legen diese zum Trocknen auf hohe Stapel. Nach ein paar Wochen kommen sie wieder und tragen den ausgehärteten Brennstoff in die Stadt.

Während sie diese Lasten tragen, bieten die Shetlander ein besonderes Schauspiel. Die Männer sind oft sehr alt, gebrechlich und schlecht gekleidet; und die Frauen sind in selbstgesponnene Gewänder mit kurzen Röcken gekleidet, unter denen sehr rote und sehr breite Füße zu sehen sind. Auf dem Kopf tragen sie meist weiße, schön gebügelte Mützen mit einer geriffelten Rüsche am Rand. Über die Brust und über beide Schultern verlaufen zwei starke Riemen, die einen riesigen Korb tragen, der am Rücken hängt.

So ausgerüstet stapfen die tapferen, kräftigen Frauen mit ihren mit Torf gefüllten Körben ins zwei Meilen entfernte Lerwick, um ihre Ladung für jeweils ein paar Pennys zu verkaufen. Sie machen viele Ausflüge am Tag, immer lächelnd, plaudernd und scheinbar zufrieden. Oft sieht man eine lange Schlange, die vorsichtig über die unebenen Straßen schreitet und ab und zu anhält, um sich auszuruhen.

SHETLAND-FRAUEN.

Die Häuser dieser armen Torffrauen sind für viele einfach Hütten. Wenn sie ein Haus bauen wollen, gehen sie auf ein Feld, meist weit weg von anderen Hütten, und heben dort einen Graben um ein quadratisches Stück Land. Darauf errichten sie etwa acht Fuß hohe Mauern und füllen die Spalten mit Schlamm und Moor. Für ein Dach sammeln sie Seeholzabfälle und legen darauf als Stütze Schicht für Schicht Stroh, Lehm und Steine auf.

Aber was für ein Zuhause kommen sie uns vor! Es gibt keinen Kamin, nur ein Loch im Boden und ein Loch im Dach, durch das der Rauch entweichen kann! Keine Fenster, die Tür dient sowohl als Licht als auch als Eingang! Keine Betten, nur Strohhaufen! Manchmal sieht man in einem kleinen Raum, oft dem einzigen, den das Haus enthält, Mann, Frau, Kinder, Hund und Hühner, gleichberechtigte Bewohner, die die gleichen groben Annehmlichkeiten teilen. Wenn es dem Besitzer einigermaßen gut geht, kann man außerhalb des Hauses eine Schaf- oder Ponyherde und ein von einer Mauer umgebenes Gartenstück sehen.

KÜSTE VON SHETLAND

Aber es gibt etwas, was eine Torffrau aus den Shetlandinseln ständig tut, was uns noch nicht aufgefallen ist. Jeder hat zweifellos von Shetland-Strumpfwaren gehört; der feinen, warmen Tücher und Kapuzen sowie zarten Schleier, die von diesen Inseln im äußersten Norden stammen. Während die arme, nacktbeinige Frau ihre schwere Torflast trägt, sind ihre Hände nie untätig. Sie strickt, strickt weiter, so schnell es ihre flinken Finger erlauben. In ihrer Tasche steckt das Wollknäuel, und während ihre Nadeln hin und her fliegen, webt sie Stoffe von solch einer Feinheit, dass die königlichen Damen Englands sie tragen; und kein Reisender besucht die Insel, ohne seinen Koffer mit Schals, Handschuhen, Strümpfen und anderen weiblichen Fantasien zu beladen.

Auf den Shetlandinseln nicht stricken zu können, ist so, als ob man zu Hause nicht lesen kann. Einem kleinen Mädchen wird die Kunst beigebracht, bevor sie lesen kann; und als Ergebnis findet man in jeder Hütte das Spinnrad und die Nadeln, während die weiblichen Hände niemals untätig sind. Es ist ein großartiges Mittel zur Unterstützung; und in der Regent Street in London sieht man Schaufenster voller weicher, weißer Ware mit der Aufschrift „Shetland Hosiery".

Es ist nicht sicher bekannt, wer diese Menschen im hohen Norden als Erster in dieser heiklen Kunst unterrichtete. Auf Fair Isle, einem der Shetland-Inseln, soll die Kunst erstmals vor sehr vielen Jahren entdeckt worden sein. Auch heute noch strickt auf dieser einsamen Insel jede Frau, jedes Mädchen und jedes Kind, während sie ihren verschiedenen Aufgaben nachgeht.

Das Garn, aus dem die Shetland-Produkte hergestellt werden, wird aus der Wolle der Schafe gesponnen, die wir auf den Feldern umherstreifen sehen. In fast jeder Hütte kann man das echte altmodische Rad sehen; und das fleißige Mädchen am Pedal lässt das große Rad fliegen und spinnt die langen Stränge, die dazu dienen, für das Baby eine hübsche Kapuze oder für die Oma einen warmen Schal zu machen.

MARDI GRAS IN NIZZA.

Haben Sie schon einmal den Karneval in Nizza erlebt?

An einem hellen Junimorgen, den mein Kalender als zwölften Februar bezeichnete, stolperten Rull und ich gemächlich durch die alten Olivenhaine zum Bahnhof und schlugen dort ein Quartier für Nizza ein.

Lange bevor wir Nice erreichten, kribbelten Rulls Hände; Denn meilenweit entfernt auf der *Nordseite der Alpen* lag eine wunderschöne Schneelinie , und der arme Kerl war den ganzen Winter über nicht so nahe an einem Schneeball gewesen. Aber ich brauchte nur „ *Konfetti!* “ zu sagen, und seine Augen tanzten bei der Vision des bevorstehenden bunten Hagelsturms.

Jetzt eilen Sie mit uns sofort zur *Promenade du Cours* , auf der die Prozession auf und ab gehen soll.

Vorher aber werde ich für jeden von euch eine kleine blaue Mullmaske kaufen; denn unmaskiert kann man sich den Karneval nicht einmal ansehen. Und wenn einer von euch Staubwedel aus Leinen mit Kapuze tragen kann, umso besser. Lassen Sie keinen Quadratzentimeter Haut ungeschützt, ich warne Sie.

„PROMENADE DU COURS“, IN DER KARNEVALSZEIT.

Außer den kleinen Masken kann jeder von Ihnen einen ganzen Scheffel dieser „Zuckerpflaumen“ kaufen und sich diese auf unseren Balkon schicken lassen. Außerdem für jeden eine kleine Blechschaufel, die an einem flexiblen Griff befestigt ist, den man mit *Konfetti* füllen, aber auf keinen Fall ziehen darf – zumindest noch nicht.

Die Massen versammeln sich. Hübsche Bauernmädchen in ihrer Festtagskleidung aus hellen Unterröcken, Spitzenmieder und weißen Rüschenmützen; verirrte Dominosteine; reich gekleidete Damen mit Maske in der Hand; Kutschen, die so mit Blumen geschmückt waren, dass sie kunstvoll verborgen waren – sogar die Räder waren mit Batist bedeckt – blau, rosa, lila, grün oder gelbbraun. Sogar der Bürgersteig ist, als wir vorbeikommen, mit Stühlen gesäumt, die einen Franken kosten.

„PROMENADE DU COURS" IN DER KARNEVALSZEIT.

Der „ *Cours* " ist fröhlich mit hängenden Bannern, hell mit geschmückten Balkonen und fröhlichen Gesichtern. Bürgersteige und Straßen sind voller Menschen; aber die Pferde haben Vorfahrt, und die Menschen werden mit einer Geldstrafe belegt, wenn sie überfahren werden.

Lasst uns zu unserem Balkon eilen, denn hier zieht eine Schar von Musikern in Scharlach und Gold vorbei, um die Prozession zu eröffnen.

Gerade noch rechtzeitig nehmen wir unsere Plätze ein und siehe da! Vor uns rollt ein riesiges Auto.

Es ist „das Theater" – ein offener Puppenwagen – aber die Puppen sind *Männer* ; alles an Schnüren befestigt, die in der Hand des Riesen gehalten werden, der in imposanter Haltung über ihnen auf dem Dach des Wagens sitzt, der sich auf einer Höhe mit den Balkonen im dritten Stock befindet.

„PROMENADE DU COURS", IN DER KARNEVALSZEIT.

Der Riese hebt seine Hand und die Puppen wirbeln und springen. Aber leider! sein Kopf ist zu hoch. Sein Hut wird von den herabhängenden Girlanden weggefegt, und der Riese muss barhäuptig reiten, in Gefahr eines Sonnenstichs.

Als nächstes rückt hinter dem Wagen in militärischer Reihenfolge ein Regiment berittener Heuschrecken vor. Ihre glatten, glänzenden Körper aus grünem Satin, ihre hauchdünnen Flügel und Antennen, ihre Stupsnasen und großen Augen sind allesamt absolut perfekt für das Auge; aber – sie haben die Größe von Männern.

Du senkst deine Maske, um klarer zu sehen, du verlierst dich im Staunen über die perfekte Illusion, dein Mund ist weit geöffnet mit „Ohs!" und „Ahs!" wenn *Pop! Pop!* schleudert einen Konfettiregen ab , und die kleinen Hagelkörner scheinen einem die Ohren abzuschneiden und über den Hals zu rieseln.

„PROMENADE DU COURS" IN DER KARNEVALSZEIT.

Denn während Sie die Heuschrecken beobachteten, hielt eine niedrige offene Kutsche, verborgen unter einer rosa-weißen Plane, unter unseren Fenstern. Vier fröhliche Maskeraden, in passenden Umhängen und Kapuzen gekleidet, haben einen Scheffel *Konfetti* dazwischen und sind voller Blumensträuße. Wir schleichen uns hinter unsere Masken, wir ziehen an den Griffen unserer *Konfettischaufeln* – dann beginnt der Kampf und wird immer heftiger.

Aber sie sind überfüllt; denn hinter ihnen bewegen sich in unwiderstehlicher Pracht Sonne und Mond. Dann kommen die Jahreszeiten: Der Winter, dargestellt durch eine Gruppe von Russen, die von Kopf bis Fuß mit Pelzen bedeckt sind und einen sibirischen Schlitten ziehen. Der Sommer erkennt man an einer Wagenladung erlesener Blumen, deren Duft uns im Vorbeigehen erreicht.

„PROMENADE DU COURS", IN DER KARNEVALSZEIT.

Hier rollt ein riesiges Weinfass, das die halbe breite Straße füllt; Da bewegt sich ein sechs Fuß hoher Tannenzapfen vor dem Auge, genau wie die sechs Zoll langen Zapfen, mit denen wir täglich unser Olivenholzfeuer anzünden.

Dann eine Prozession riesiger Tulpen – Stiel, Kelch, Blütenblätter, alles fertig. Sie gehen auch schweigend weiter.

Als nächstes ein riesiger Topf, an dessen Seite eine Katze hochklettert und deren Pfote gerade unter den Deckel ragt. Ha! es fliegt plötzlich weg. Kommt die Katze herein? Wir können nicht durch die Menge hindurchsehen. Es folgt ein kolossaler Baumstumpf mit Moosen und Ranken. Darauf ein Vogelnest, gefüllt mit Jungen, deren Maul nach Nahrung weit geöffnet ist; wunderbar, weil das künstlerische Können so perfekt ist, dass sie, obwohl sie so riesig sind, lebendig und nicht unnatürlich wirken.

„PROMENADE DU COURS", IN DER KARNEVALSZEIT.

Dann ein Auto voller arktischer Bären, die in der Hitze hin und her jagen, die armen Dinger, so gut sie auch sein mögen; denn das ist ein wolkenloser Himmel und eine italienische Sonne. Schauen Sie sie sich genau an und sagen Sie mir, sind das nicht echte Bären?

Aber ah! *Schlinge! Schlinge!* Zwei Handvoll *Konfetti* stechen in die Augen und vertreiben die Bären außer Sichtweite. Ist es nicht herrlich unerträglich? Sie schreien über die Torheit, das *Konfetti vergessen zu haben* , und beschließen dann, Ihre Chance auf den nächsten schlechten Fußstapfen zu nutzen.

„PROMENADE DU COURS" IN DER KARNEVALSZEIT.

Hier geht ein Mann mit zwei Gesichtern vorbei. Seine Arme sind vorne und hinten ordentlich verschränkt. Man kann nicht sagen, welche die wahre Front ist, bis plötzlich ein Pferd herantrabt und fast die Nase berührt, während der Mann ungestört weiterzieht. Du wolltest diesem Mann eine Chance geben, aber du hast vergessen, dass er so seltsam war.

Ah! Hier kommt eine Kutsche voller hübscher Mädchen. Der Schuss strömt vom Balkon oben herab. Es regnet wie Hagel auf dich. Es läuft in Rinnsalen über deinen Rücken. Du hältst deine wiederhergestellten Ohren und fügst deinen Ton zu dem plätschernden, plätschernden Lachen hinzu, das in einer silbernen Flut weiterströmt.

„PROMENADE DU COURS" IN DER KARNEVALSZEIT.

Kein einziger lauter Schrei, kein einziger ungeduldiger Ausruf den ganzen Tag lang; nur überall der Klang kindlicher Freude. Wie schön, selbst alte, verhärmte Gesichter vor Freude strahlen zu sehen!

Hier ist ein Strauß mit einem Affen auf dem Rücken zu sehen, dann ein Mann mit einem ganzen Anzug, der sorgfältig aus Tagebüchern zusammengepasst ist.

Aber schau! sehen! Da ragt ein riesiges Auto empor. Nein, es ist ein Korb – ein Gemüsekorb! aber seine Seiten sind so hoch wie unser Balkon. An seinen Ecken stehen weiße Karotten mit nach oben gewellten grünen Spitzen. An den Rändern stapeln sich verschiedene Gartenschönheiten.

Aber, herrlich anzusehen, in der Mitte erhebt sich ein Mammutkohl. Ihre großadrigen Blütenblätter sind so perfekt wie alle, die Sie jemals in Ihrem Garten gesehen haben, aber ihre Spitzen reichen über den dritten Balkon hinaus. Auf diesen geäderten Blütenblättern klettern wunderschöne Schmetterlinge, deren Flügel sich langsam schließen und öffnen, während sie nippen. Während das Mammut vorbeizieht, hängen die äußeren Blütenblätter langsam herab, und man sieht Schnecken, die sich darin festklammern, während bunte Schmetterlinge ins Blickfeld kriechen.

Jetzt mischen sich die Kutschen fröhlich in die Prozession. Hier ist eines mit jungen Burschen, deren Gesichter mit Mullmasken geschützt sind, die außen lächerlich geschlossene rote Lippen und innen zwei rote Lippenlinien und weiß glitzernde Zähne zeigen. Der Kampf um *Konfetti* wird heiß. Fröhliche Gesichter füllen alle Balkone und Fenster. So manche Schönheit lässt wie wir für einen Moment ihre Maske fallen, um die wundervolle Prozession gespannter zu betrachten , aber auf eigene Gefahr. Auf den ersten Blick *!* *Bindestrich!* Das *Konfetti* fliegt mit so viel Kraft aus den kleinen Kugeln, dass es scharf brennt.

Der Krieg ist dort am schlimmsten, wo es eine so schöne Familie gibt (Amerikaner, da sind wir sicher), Vater, Mutter und Tochter.

Hier fährt eine mit US-Flaggen geschmückte Kutsche; Alle Insassen waren in graues Leinen gehüllt und mit Kapuzen bedeckt, der Wagen ebenfalls abgedeckt. Sie bleiben unter dem Balkon stehen und *schleudern! Schlinge! Schlinge!* im wildesten Kampf bis zur Überfüllung.

Auf und ab fegt die Prozession. Auf der einen Seite der breite „ *Cours* " und auf der anderen Seite; Der Raum im Inneren füllte sich mit der fröhlich wogenden Menge, so schien es unter den Füßen der Pferde. Aber kein Problem. Pferde, Männer, Frauen und Kinder führen heute ein bezauberndes Leben.

Konfetti-Haufen aus dem Dreck aufsammeln, um sie wieder zu verkaufen; aber das ist der einzige Hinweis auf Recht und Ordnung hinter der schwulen Verwirrung.

Hier rollt eine rot-weiß getrimmte Kutsche. Darin befinden sich zwei scharlachrote Dominosteine, die Sie geheimnisvoll anstarren.

Aber schauen Sie sich noch einmal an, was weitergeht. Ein Auto, das länger ist als jedes andere, das man bisher gesehen hat.

Es ist eine Grotte. In seinen kühlen Nischen sonnen sich riesige Eidechsen. Manche erklimmen langsam die Seiten und strecken dann auf der Suche nach Beute ihre langen Zungen heraus. Aufgrund ihres glänzenden Fells, ihrer Farbe und ihrer Bewegung würde man sie tatsächlich für Eidechsen halten. Aber wie riesig!

Hinter den Eidechsen ziehen wieder die berittenen Heuschrecken vorbei, die wegen ihrer wunderbar perfekten Form und zierlichen Schönheit unsere Favoriten sind. Und siehe da! Zu unserer Freude tragen sie ein seidenes Banner als Zeichen des Preises.

Denn, ihr Lieben, lest ihr zwischen den Zeilen und versteht, dass diese wunderbare Prozession das Ergebnis wahrhaft künstlerischen Könnens war? – das perfekte Nachahmen für das Auge, die exakte Darstellung all dieser Lebewesen in Bewegung und dennoch das Verbergen in einem Jungen oder … Der Mann, der sie unsichtbar bewegte, erforderte die ganze Feinheit der Wahrnehmung und die Feinheit der Kunstfertigkeit französischer Augen und Finger? Glauben Sie, dass Ihre kleinen Finger und leuchtenden Augen jemals so viel erreichen werden.

Außerdem war das alles auch ein großer Aufwand von Tausenden von Franken. Denn Nizza strebte danach, sich im Karneval hervorzutun, und setzte große Preise aus – einen von fünftausend Franken, einen weiteren von vier, einen weiteren von drei – für die vollkommensten Darstellungen.

Nirgendwo in Italien gab es etwas, das mit Nizza vergleichbar wäre. Und ich bezweifle, dass Sie im Karneval wieder etwas sehen würden, das Ihre jungen Augen so vollkommen erfreuen oder Ihre Wahrnehmung künstlerischer Fähigkeiten so steigern würde.

Wir schauen auf unsere Uhren. Noch zwei Stunden; aber wir sehnen uns danach, den Spaß zu Fuß auszuprobieren. Also schleudern wir unser letztes *Konfetti* , füllen Haare, Knopflöcher und Hände mit unseren süßen Blumensträußen aus Geranien, süßem Alyssum, Reseda und Stiefmütterchen – Erinnerungsstücken an den Kampf – und steigen dann zum Bürgersteig hinab, um uns über den überfüllten Platz zu bahnen.

Immer mehr zu sehen! und schließlich warf und stürzte Carnival in Bildnissen hin und her, bis er durch Ertrinken oder Verbrennen starb.

Aber wir müssen früh am Bahnhof sein. In der Tat früh! Den ganzen Weg beschossen und beworfen, gezwickt und beschossen; aber immer und immer *nur mit* harmlosem *Konfetti* und weichen Blumensträußen.

Sicher, dass wir die Ersten sind, die gehen, sicher, dass niemand vor uns da ist, gehen wir in den äußeren Gepäckraum. Fünfzig weitere stehen da und drücken sich fest gegen die geschlossene Tür.

Die Menge schwillt an; Hunderte liegen hinter uns; wir können uns kaum auf den Beinen halten. Doch was für eine gutmütige Menge! Die Stunde, in der der Zug abfährt, vergeht. Nach und nach öffnet sich die geschlossene Tür einen Spalt; Ein Arm mit goldenem Band wird durchgesteckt und *eine* Person herausgenommen, und die feierliche Tür wird wieder geschlossen.

Also schlüpfen wir einer nach dem anderen hindurch, passieren unter der Aufsicht des scharfsichtigen Beamten das Drehkreuz im Gang und werden in den Saloon eingelassen, der ebenfalls verschlossen ist.

Wir lassen uns auf einen Sitz nieder, *der* einer der beiden Türen am nächsten liegt, von denen uns unser Instinkt sagt, dass sie geöffnet werden sollen. Wieder warten wir eine Stunde, bis das letzte keuchende Opfer durch den Zauntritt gelangt ist.

Das Nein! Es ist nicht unsere Tür, die aufschließt und öffnet, sondern die andere. Wir eilen zu einem Abteil; aber nein! Alle scheinen ausgefüllt zu sein, also gehen wir zu einem Beamten und äußern unseren Fall.

Er führt uns immer weiter, fast bis zum Ende des Zuges, über Steine und Balken; aber schließlich beschert er uns aus dieser Menge heraus ein Abteil mit nur drei Personen. Bald brechen wir auf, nur zwei Stunden später als angekündigt.

Denn in Frankreich, kleine Haustiere, warten die Züge auf die Menschen. Die Leute sind eingesperrt, bis alles fertig ist; Dann folgt ein Ansturm wie bei einem großen „Puss, Puss in the Corner!"-Spiel. und fast immer gibt es einen armen Kerl, der nicht reinkommt.

Ratet mal, wie viele Tonnen *Konfetti* an diesem Abend auf dem Boden unseres Zimmers rasselten!

IM WINTER AUF DEM BAUERNHOF.

Das Leben eines Jungen im Winter auf der altmodischen Farm in New England scheint mir eines der besten und richtigen Lebensarten für einen gesunden Jungen zu sein, vorausgesetzt, sein Geschmack wurde nicht durch falsche Lektüre oder einen irreführenden Blick verdorben eine Stadt bei Gaslicht. Es gibt sicherlich viele blut- und muskelaufbauende Sportarten, die die städtischen Physiologen so eifrig durch Eisbahnen und Turnhallen ersetzen wollen.

Aber ich habe eher Mitleid mit einem jungen Burschen, der seine einzigen Schlittenfahrten dadurch bekommt, dass er einen Dollar pro Stunde für den Reitstall bezahlt, und der sein Schlittschuhlaufen in Grenzen auf Kunsteis absolvieren muss. Er bekommt nie auch nur einen Vorgeschmack auf so einen primitiven Spaß wie zwei Jungs, die ich kenne, letzten Winter. Als der erste schwere Schnee fiel, befand sich der Schlitten zur Reparatur in der Werkstatt des Wagenbauers, und sie spannten Dobbin an ein altes Boot und erlebten eine stürmische Fahrt bergauf und bergab, mit herrlichen Stößen und Stößen.

Ich habe auch ziemliches Mitleid mit einem Kerl, der Lebensmitteläpfel und Konditornüsse und Bäckercremekuchen isst, der nie den Spaß kennt, in den Keller zu den Apfelkisten zu gehen, um seine Taschen für die Schule zu füllen, und der kein Recht auf einen Haufen besitzt Butternüsse auf dem Dachboden. Es tut mir leid für einen Jungen, der nichts von der männlichen Freiheit weiß, die Hosen in Stiefeln steckt, Hände und Füße beide in selbstgestrickten Fäustlingen und selbstgestrickten Socken stecken – ich kann nicht glauben, dass sein Blut so rot ist oder möglicherweise so tief fließen kann und stark in seinem Leben auf dem Bürgersteig, wie die jungen Kerle, die Holz hacken und Schnee schaufeln und nach einem langen Sturm *massenhaft* mit Schneepflügen aufbrechen – der Klang der zukünftigen Stärke des Landes liegt in der Robustheit Sie stampfen mit ihren schneebedeckten Stiefeln an der Tür, wenn sie von ihrer herzhaften Arbeit kommen. Ich schreibe nicht über Landjungen, die Angestellte werden wollen – sie haben sowieso die Qual des Spaßes –, sondern über die Jungen, die erwarten, wenn sie etwas Besonderes erwarten, eines Tages auf der Farm zu bleiben und sie selbst zu besitzen.

An diesem stechend kalten Morgen diskutieren die Jungen an der Tür des Schulhauses nicht über die Spielpläne des *Globe* oder des *Museums* , sondern darüber, wie der Fluss letzte Nacht zugefroren ist und die lange, ruhige Oberfläche in blauschwarzes Eis verwandelt hat, so glatt wie ein Spiegel . Was nun zum Skaten! Was für großartige Mittagsstunden, was für herrliche Abende! Keine Eisbahn und kein Froschteich, wo man kaum in Fahrt kommt, muss man umkehren, sondern kilometerlange, geschwungene Strecken führen ihn zwischen raschelnden Riedgras vorwärts, bis er die weißen Kappen des offenen Sees vor sich tanzen sieht.

Plötzlich kommt der Schnee und macht dem Sport ein Ende; Denn das kilometerlange Eisfegen kommt nicht in Frage. Nach dem Schnee Tauwetter; und dann das lustige Schneeballspiel. Es gibt nicht genug Tauwetter, um den Schnee zu entfernen; gerade genug, um es für das darauffolgende Gefrieren gerade ausreichend schlammig und weich zu machen, um ihm eine Kruste zu verleihen, die fast so hart und glatt ist wie das kürzlich bedeckte Eis.

Dann so ein Ausrollen! Stellen Sie sich nur vor, Sie ziehen Ihren Schlitten in einer Mondnacht eine Meile in leichtem Schritt hinauf zum Fuß des Berges, von wo aus Sie wieder herunterkommen, mal schnell, mal langsam, mal „wie eine Schleuse" einen steilen Abhang hinab, mal über einen Berg rennend Ein gleichmäßiger Zaun, der in den glitzernden Schneeverwehungen vergraben ist und endlich an der Tür eines Nachbarn oder an der Rückseite Ihres eigenen Scheunenhofs auftaucht!

Es macht auch großen Spaß, mit „Slews" oder „Jumpern" auf den Drifts zu rutschen. Diese bestehen manchmal aus einem, manchmal aus zwei Fassdauben und sorgen mit Sicherheit für so manchen lustigen Schlag und Wintersault.

in den Schneeverwehungen kann man viel Spaß haben , indem man Höhlen oder Häuser unter dem Schnee gräbt, in denen man ohne die geringste Gefahr ein Feuer machen kann. Hier können Sie Esquimaux sein und Ihr ganzer Stamm aus dem Igloë ausbrechen und einen schrecklichen weißen Bären angreifen, wenn einer aus der Gruppe freundlicherweise zustimmt, für eine Weile ein Bär zu sein. Sie können ihn weiß genug machen, indem Sie ihn mit Schnee bewerfen, und er wird genug *ertragen* , bevor er schließlich getötet wird.

DER IMPROVISIERTE SCHLITTEN.

Es macht auch Spaß und ist nicht unerheblich, sich von den regulären Pflichten auf dem Bauernhof zu erholen. Vielleicht nicht viel, wenn man Holz einbringt, die Schweine füttert oder die Fächermühle antreibt; Aber das Füttern der Schafe und Kälber, die höchstwahrscheinlich Haustiere sind, führt die Jungen zum Heu-Mähen, wo der Duft des Sommers im Herdengras verweilt und die Gänseblümchen- und Kleewipfel fast genauso grün, weiß und gelb sind und purpurn, als ob sie vor der Sense fielen.

Was für ein Ort ist dieser elastische Boden für ein „Ringen oder einen Summersault"! Und wer sollte dann nicht auf den großen Balken klettern, in die Nähe der leeren Schwalbennester und staubigen Spinnweben, und von dort aus den fliegenden Sprung zum Rasen wagen? Auch hier gibt es Hühnernester mit gefrorenen Eiern zum Hineintragen von Ratten und größeren Beutetieren, die ebenfalls gejagt werden können, wenn das Heu so fast verbraucht ist, dass die Gabel in den losen Brettern am Boden des Nests stecken bleibt Heu.

Aber von all den Dingen, die der Bauernjunge tun soll und tun will, gibt es nichts, das offensichtlich so viel Spaß macht wie das Brechen eines Kälberjochs. Zuerst muss man das kleine Joch irgendwie an das Paar binden und ein Seil am Kopf des „nahestehenden" Menschen befestigen, also an der Wade auf der linken Seite, wo der Fahrer hingeht. Dann kommt Heulen und Schleppen und Schieben und oft zu viel Prügel, bis den kleinen Rindern klar wird, dass „Gee" bedeutet, nach rechts abbiegen, und „Haw" bedeutet, nach links abbiegen, und dass „Whoa" Stopp bedeutet. und „Zurück" bedeutet von allen genau das, was gesagt wird.

Jeder Befehl wird gebrüllt und geschrien; Denn es scheint die Vorstellung vorherrschend zu sein, dass Ochsen, ob groß oder klein, taub sind wie Nattern und dass man sie nur mit lauter Stimme zum Hören bringen kann. An einem stillen Wintertag hört man vielleicht zwei Meilen entfernt einen erwachsenen Ochsenfuhrmann, der seine geduldigen Tiere anbrüllt; und ein Wadenbrecher, der nicht halb so groß ist wie er, kann über mehr als halb so weit gehört werden. Dann, an einem frostigen Samstag, wenn die kleinen Kerle mit den struppigen Hörnern ihre Lektion gelernt haben, werden sie an einen Schlitten gehängt und müssen leichte Lasten, ein wenig Holz oder einige der Jungen schleppen – der Fahrer hält sich immer noch daran fest Seil und schwang seine Peitsche so großartig wie ein Tambourmajor.

Hin und wieder nehmen die kleinen Ochsen der Zukunft die Sache selbst in die Hand und machen einen Streik für die Freiheit, wobei sie den Schlitten umwerfen, seine Ladung verstreuen und ihren Fahrer kopfüber durch den Schnee ziehen.

Aber sie müssen sich endlich unterwerfen; Und in drei oder vier Jahren würde man aufgrund ihres feierlichen Aussehens und ihres nüchternen Tempos nicht mehr glauben, dass sie jemals an solche rebellischen Freaks gedacht hätten. Es waren die Kälber des Jungen, aber die Ochsen des Vaters.

Einen Hengst am Halfter zu zertrümmern ist fast so gut wie das Zertrümmern von Ochsen, nur dass man hier nicht Schlitten fahren kann.

AUF DEM HEU-MÄHEN.

Bis vor Kurzem hatte der junge Kerl die Freiheit auf den Feldern und verdiente einen Teil seines Lebensunterhalts damit, im ersten Schnee zu graben, und durch sein raues Leben ist er so struppig geworden wie ein Shetlandpony, und in seiner Hose stecken ebenso viele Kletten Vorderteil, wie es halten wird; Denn wenn es auf der ganzen Farm eine übersehene Klette gibt, wird jedes freilaufende Pferd sie finden, und jedes bekommt mehr als seinen Anteil Kletten verfilzt und in seinen Vorderkopf und seine Mähne gedreht.

Jetzt wird er gewachst und in einen Schuppen oder Stall getrieben und getäuscht oder gezwungen, seinen Kopf in ein langes, kräftiges Strickhalfter zu stecken. Dann wird er auf die freie, offene Wiese gebracht und seine erste

Unterrichtsstunde beginnt. Alle Jungen fassen das Seil in sicherer Entfernung von dem erstaunten Schüler und ziehen stetig an ihm. Eben geht er lieber in eine beliebige Richtung als geradeaus und hält sich mit aller Kraft zurück und sieht mit allen Beinen nach vorne, den Hals bis zum Äußersten ausgestreckt und den Kopf auf einer Linie mit ihm, wie ein störrischer kleiner Esel aus der etwas an Ohren verloren hat, aber nichts an Eigenwilligkeit, und ein wenig an Schwanz zugelegt hat. Schließlich gibt er der unbequemen Belastung ein wenig nach und macht ein paar zögernde Schritte vorwärts, dann bäumt er sich auf, stürzt sich und wirft sich, und er wird kopfüber durch den Schnee gezogen, bis er von solch grober Beanspruchung müde wird und zappelnd auf die Beine kommt.

Dann wiederholt er seine Aufmunterungstaktik, wobei die Jungen sich ebenso energisch gegen ihn stemmen, bis er plötzlich nachgibt und sie alle auf einen Haufen fallen.

Wenn die Jungs müde werden, bevor das Fohlen aufgibt, kommen weitere Tage, und früher oder später gibt er nach; und zum Teil als Ausgleich dafür, dass er nicht seinen eigenen Willen durchsetzen kann, hat er einen warmen Stall in der Scheune und frisst aus einer Futterkrippe, genau wie ein großes Pferd, und wird gestreichelt und gestreichelt und entwickelt sich zu einem guten Freund seiner jungen Herren – bei zuletzt „Vaters Pferd" statt „unser Fohlen".

Aber nach und nach geht der lange Winter – dieser Spieltag des Jahres für den Bauernjungen – zu Ende und macht Platz für den Frühling – den Frühling, der ihm Arbeit bringt, die in keinem vernünftigen Verhältnis zum Spielumfang steht Zumindest dürfte das der Bauernjunge denken.

Die Schlange eines Chinesen.

Jeder weiß, dass ein Chinese seine Haare in einer Schlange trägt, aber nicht jeder weiß, warum er das tut. Die Warteschlange eines Chinesen ist keine bloße Kuriosität oder Abwechslung; es ist für ihn eine sehr ernste Sache; Wenn er es verlor, würde er fast seine Ansehenswürdigkeit verkaufen, und die Geschichte erzählt von mehr als einer Zeit, in der es um Leben und Tod ging.

In vielen ihrer Bräuche folgen die Menschen in China ihren Vorfahren von vor mehr als tausend Jahren, aber Schlangen können als eine neue Mode bezeichnet werden, da sie erst seit etwa zweihundertfünfzig Jahren getragen werden.

In sehr alten Zeiten trugen die Chinesen ihr langes Haar auf eine besondere Weise auf dem Kopf hochgesteckt und nannten sich selbst „die schwarzhaarige Rasse". aber etwa zu der Zeit, als die Pilger im Jahr 1627 in Plymouth landeten, erließen die Tataren, die aus der Mandschurei herabgekommen waren und nach langen Kriegen China erobert hatten, das sie seitdem regieren, ein Gesetz, das allen Chinesen galt Um zu zeigen, dass sie besiegt waren, sollten sie ihre Haarknoten abnehmen und ihr Haar wie die Tataren zu einem herabhängenden Zopf tragen. und sie drohten, alle zu töten, die es nicht täten.

Natürlich waren die Chinesen darüber sehr beunruhigt; aber da es besser war, einen Schwanz zu haben, als ohne Kopf zu sein, gaben sie am Ende nach und machten das Beste aus dem, was sie nicht ändern konnten.

Die Menschen in Südchina hielten der Warteschlange am längsten stand, und in einem Bezirk wurden Männer angeheuert, um sie zu tragen. Noch heute leben zwischen den Hügeln einige Männer, die einem sehr alten und wilden Stamm angehören, der stolz darauf ist, nie herabhängendes Haar getragen zu haben; während die Amoy-Männer, die als allerletzte den Tataren nachgaben, einen Turban tragen, um den rasierten Kopf und den verabscheuten Schwanz zu verbergen; aber einige Leute glauben, dass die Nation im Allgemeinen den neuen Stil besser mag als den alten; andere denken, dass sie gerne zum alten Weg zurückkehren würden, wenn sie könnten.

Vor einigen Jahren kam es in China zu einem großen Aufstand. Ein Teil der Chinesen rebellierte gegen die Tataren, und alle Rebellen steckten ihre Haare nach alter chinesischer Art hoch; und weil sie sich nicht die Köpfe rasierten, nannten sie sich „Langhaarige Räuber". Wenn einer ihrer Soldaten einen Mann mit einer Warteschlange traf, wussten sie, dass er der tatarischen Regierung gegenüber loyal war, und sie würden ihn töten oder seine Warteschlange abschneiden oder mit ihm machen, was sie wollten; und andererseits war das Leben eines „Langhaarigen Räubers" nicht für einen Moment sicher, wenn er in die Hände der Regierungstruppen fiel. Nachdem viele, viele Millionen Menschen getötet worden waren, setzten sich schließlich die Schlangen durch und die Rebellen wurden besiegt.

Ich habe gehört, dass die Warteschlange von Dieben manchmal für eine Strafe abgeschnitten wird, und hin und wieder, nehme ich an, müssen einem Menschen nach einer Krankheit die Haare ausfallen, aber in diesen Fällen würden sie wieder nachwachsen.

In China gibt es zwei Klassen von Männern, die niemals Schlangen tragen: die buddhistischen Priester, die sich den Kopf am ganzen Körper rasieren und an der Farbe ihrer Gewänder und seltsamen Hüte zu erkennen sind, und die Tauisten, die als Zeichen dafür sorgen Die Priester ihres Priestertums tragen ihr Haar in einer Art Zopf am Hinterkopf. Mit diesen wenigen Ausnahmen hat jeder Chinese eine Schlange, angefangen beim kleinen Kind, dessen kurze Haare manchmal am Scheitel, manchmal an den Seiten zusammengesteckt und mit roten Seidenfäden zu einem engen kleinen Schwanz geflochten sind ein paar Zentimeter lang, so steif, dass es gerade aus dem Kopf herausragt, bis hin zu dem fast kahlköpfigen alten Mann, dessen schütteres graues Haar in seinem Nacken zu einer dünnen Strähne zusammengebunden ist.

Die Chinesen haben normalerweise reichlich Haar, grob, vollkommen glatt und pechschwarz, außer in einigen Fällen, in denen die Farbe aufgrund einer Krankheit rostschwarz ist. Sie haben kaum einen Bart, aber einige von ihnen – allerdings nicht oft, bevor sie Großväter und über vierzig Jahre alt sind – tragen einen vielbewunderten Schnurrbart. An schwarze Locken und glatte

Gesichter gewöhnt, blicken sie neugierig auf die Vollbärte der Männer und die gelben Locken der Kinder unserer schöneren Rasse oder, wie sie uns nennen, „Die rothaarigen Ausländer".

Die Chinesen rasieren den ganzen Kopf, mit Ausnahme eines runden Flecks am Scheitel, der etwa so groß ist wie eine Frühstücksuntertasse. Darauf lassen sie das Haar wachsen, es wird nach hinten und unten gekämmt und mit einer Schnur in der Mitte des unteren Teils des Pflasters fest zusammengebunden. Anschließend wird es in drei Stränge geteilt und geflochten. Wenn ein Mann sehr arm ist, hat er einfach ein Haarband in der Länge seines Haares, das am Ende mit einer Baumwollschnur befestigt ist; Aber die Chinesen sind sehr stolz auf ihr Haar und möchten, wenn sie es sich leisten können, den Zopf schön machen lassen. Oftmals werden ihm auch falsche Haarsträhnen hinzugefügt, um die ausfallenden Haare sorgfältig aufzubewahren. Natürlich ist das Haar an den Enden dünner als an der Spitze, und um den Zopf gleichmäßiger zu halten und seine Länge zu erhöhen, werden nach und nach lange Büschel schwarzer Seidenschnur hineingeflochten.

Schlangen sind unterschiedlich lang, aber erwachsene Männer tragen sie oft fast bis zu den Schuhen hängend, wobei der obere Teil des Zopfes aus Haaren besteht und der untere Teil aus einer schwarzen Seidenschnur, die am Ende mit einer Quaste zusammengebunden ist. In Südchina werden die Warteschlangen für Kinder mit purpurroter Seide farbenfroh und fröhlich gestaltet.

Für die Trauer wird weiße Kordel verwendet, für die halbe Trauer blaue. Außerdem wird Trauernden eine bestimmte Zeit lang der Kopf nicht geschoren. Wenn der Kaiser stirbt, wird in China hundert Tage lang niemand rasiert.

Üblicherweise lassen sich ordentliche, wohlhabende Menschen alle paar Tage den Kopf rasieren, und da sich niemand so leicht den Kopf rasieren kann, beschäftigt jeder einen Friseur. Natürlich gibt es sehr viele Friseure, und bei all den Millionen Menschen in China haben sie ein großes Geschäft.

Außer den Geschäften haben viele Friseure kleine bewegliche Stände, in denen sie alle ihre Werkzeuge aufbewahren, und oft sieht man sie, wie sie ihre Kunst am Wegesrand oder bei den Häusern ihrer Kunden ausüben. Der Friseur hat eine Schüssel mit heißem Wasser, ein Handtuch und einen seltsamen Rasierer; und wenn er einem Mann die Haare rasiert, gewaschen und die Haare geflochten hat, klopft er ihm schließlich mit beiden Händen auf den Rücken und die Schultern, und zwar auf eine Weise, die für ihn wirklich entzückend ist. Für all das beträgt seine Gebühr nicht mehr als sechs Cent, und ein armer Mann würde noch weniger bezahlen.

Um seine Frisur dicker zu machen, möchte ein Chinese manchmal mehr Haare wachsen lassen, und der Friseur lässt seinen Kopf etwa einen Viertelzoll rund um den alten Haarkranz unrasiert. Wenn das neue Haar ein oder zwei Zoll lang ist und sehr steif ist, steht es in Fransen – wie eine Art schwarzer Heiligenschein – rund um seinen Kopf ab, sieht sehr komisch aus und stört den Chinesen sehr, bis es lang genug ist in den Zopf gesteckt werden.

Wenn ein Mann bei der Arbeit ist, findet er seine Warteschlange sehr im Weg, und er bindet sie sich um den Kopf oder wickelt sie zu einer Kugel auf den Rücken, wo er sie manchmal mit einem kleinen Holzkamm befestigt; aber in seinem eigenen Land trägt er es bei allen Gelegenheiten, was Form und Kleidung betrifft, hängend, und es wäre unhöflich, es anders zu tun.

Da es lange dauern würde, es zu trocknen, macht er es nicht gern nass, und wenn es regnet, rollt er es schnell zusammen und bedeckt es.

Manchmal frisieren Bettler ihr Haar für längere Zeit nicht, um sich sehr erbärmlich zu machen, und es wird so kraus und verfilzt, dass kaum etwas anderes dagegen getan werden kann, als das meiste davon abzuschneiden.

Wenn ein Täter in China verhaftet wird, ergreift der Beamte seine Schlange und führt ihn damit ins Gefängnis, wobei er ihn oft sehr grausam behandelt.

Sowohl kleinen Mädchen als auch kleinen Jungen wird der Kopf rasiert, wenn sie etwa einen Monat alt sind. Dies geschieht vor einem Idol mit viel Parade. Junge Mädchen tragen ihre Haare ebenfalls in Locken, aber da ihre Köpfe im Alter nicht wie die der Jungen rasiert sind, werden mehr Haare in den Zopf zurückgezogen, was ihn viel schwerer macht. Wenn sie verheiratet sind, werden ihre Haare nach der Mode der Frauen des Bezirks, in dem sie leben, hochgesteckt, aber verheiratete Frauen tragen ihre Haare nie zu Zöpfen.

Wer lange in China gelebt hat, mag es nicht, eine dünne, unebene Schlange zu sehen, die mit einer Baumwollschnur zusammengebunden ist; es hat eine schlampige, von Armut geplagte Ausstrahlung; während ein dicker, glänzender Zopf mit einem schweren Seidenbündel am Ende ordentlich und wohlhabend aussieht; und ein ordentlicher Streifen silbriger Haare kündigt ein angenehmes Alter an.

MEXIKANISCHE WASSERFÄHRER

Ein mexikanischer Wasserträger ist immer ein seltsam gekleideter Kerl. Er ähnelt in etwa dem Mann, dem jemand „an einem nebligen, feuchten Morgen" begegnet ist und der ganz in Leder gekleidet war. Er trägt eine Ledermütze, eine Jacke und eine Hose, wobei die letzte nur bis zu den Knien reicht und mit hellen silbernen Knöpfen zur Seite gehalten wird, so dass die weißen Baumwollhosen darunter zum Vorschein kommen. Auch an der Vorderseite seiner Jacke und am Rand seiner Mütze befinden sich helle Knöpfe. An seiner Seite hängt eine Lederbrieftasche mit seinem Geld. An seinen Füßen trägt er Ledersandalen. Über seinem Kopf hängen zwei kräftige Lederriemen, an denen zwei Krüge aus Steingut befestigt sind, einer steht auf seinem Rücken und der andere hängt vor ihm.

IMMER EIN KLEINER INDISCHER TRAB.

Er beginnt früh am Morgen mit der Arbeit. Wenn Sie einen der öffentlichen Plätze in der Stadt Mexiko betreten, werden Sie viele von ihnen sehen, die alle um das Steinbecken sitzen und sich auf die Arbeit des Tages vorbereiten. Sie greifen weit über den Rand hinaus, tauchen das Wasser auf und füllen ihren großen Krug. Nachdem sie es auf den Rücken geworfen haben, greifen sie noch einmal nach unten und füllen das kleinere, dann traben sie los, besuchen die verschiedenen Häuser der Stadt und verkaufen den Familien, was sie an Wasser haben wollen.

Man würde vielleicht sagen, dass es eine schwere Last war, die man an Kopf und Hals tragen musste, aber dem Träger scheint das nichts auszumachen, denn er ist sehr stark und die Krüge gleichen sich einfach aus. Es heißt, dass einst einem Engländer von diesem Gleichgewicht erzählt wurde und er wartete, bis ein Träger vorbeikam, um zu sehen, ob es so war, und zerschmetterte dann mit seinem Stock einen der Krüge. Ach! der Mann kam herunter, mit Krügen und allem; sein Gleichgewicht war sicherlich verschwunden.

Wasser muss auf diese Weise herbeigeführt werden, da keins wie bei uns durch Bleirohre in die Häuser gelangt. Alles kommt aus der Nähe der alten Burg von Chapultepec, drei oder vier Meilen von der Stadt entfernt.

Es verläuft über große, von Cortes erbaute Aquädukte aus Stein und stürzt, wenn es den öffentlichen Platz erreicht, in die Steinbecken der Stadt. Sie sehen also, dass diese Träger fast wie unsere Milchmänner sind, nur dass sie nicht mit einem schönen Pferd und einer Kutsche kommen und nicht annähernd so viel Geld verdienen. Sie bekommen jeden Tag nur ein paar Cent. Wie hart sie auch arbeiten! Von morgens bis abends beschäftigt, immer ernst, fast nie lächelnd, immer im kleinen Indianertrab, ziehen sie von Haus zu Haus, und wenn die Arbeit des Tages vorüber ist, was für ein Leben führen sie!

Sie haben auch kein Zuhause, wohin sie gehen könnten; Sie leben auf der Straße, schlafen in der Dachrinne oder auf den Steinstufen der Kathedrale, und ich fürchte, sie sind oft so benebelt von „Pulque", dem Nationalgetränk, dass es ihnen egal ist, ob sie ein Zuhause und ein gutes Bett haben oder nicht.

Stellen Sie sich vor, was für ein elendes Leben es war, nicht lesen zu können, sich wie die Menschen vor dreihundert Jahren zu kleiden und nichts anderes zu tun, als Wasser durch die Stadt zu tragen. Jeden Tag werden sie in die große Kathedrale gehen und ihre Gebete sprechen. Sie stellen ihre Krüge neben sich ab, falten die Hände, erheben den Blick zum Bild ihres Schutzpatrons, murmeln ihre Bitten oder ihren Dank und eilen dann, einen letzten Blick auf die goldenen Leuchter und den reichen Schmuck werfend, davon. und setzen ihre harte, uninteressante tägliche Arbeit fort.

Ein sehr seltsames Haus.

Im Sommer gibt es kaum einen schöneren Ort als den großen Platz Et-Meidaun in Konstantinopel. Das hohe, graue, spitze Denkmal in der Mitte, das wie ein Wachposten über den ganzen Ort wacht, die weißen Häuser auf beiden Seiten, das polierte Pflaster, die hohen weißen Wände und abgerundeten Kuppeln sowie die hohen, schlanken Türme und kühlen, schattigen Tore der türkischen Moscheen zusammen Mit dem strahlend blauen Himmel über Ihnen und dem strahlend blauen Meer in der Ferne ergeben Sie tatsächlich ein sehr schönes Bild.

Auch die unterschiedlichen Menschen, die an uns vorbeigehen, sind eine echte Show für sich. Nun ist es ein türkischer Soldat in blauem Kittel und roter Mütze – ein schöner, großer Kerl, aber ziemlich dünn und blass, als ob er nicht immer genug zu essen bekäme; Jetzt war er ein großer, dunkler, ernst aussehender Amerikaner mit einem hohen trichterförmigen Hut und einem langen schwarzen Kleid, das ihm bis zu den Füßen reichte. Da kommt ein großer, fröhlich aussehender englischer Seemann, der sich mit den Händen in den Taschen und dem Hut auf einer Seite rollt. Da geht ein Russe mit breitem, flachem Gesicht und dichtem gelben Bart. Dieser große, gutaussehende Mann in der Spitzenjacke und den schwarzen Samthosen, der ihn so grimmig beobachtet, ist ein Tscherkessen, der vor nicht allzu vielen Jahren in den Bergen des Kaukasus gegen die Russen kämpfte. Und hinter ihm steht ein arabischer Wasserträger, mit nackten Gliedmaßen bis zu den Knien und einem riesigen Hautbeutel voller Wasser auf dem Rücken.

Aber der seltsamste Anblick von allen steht uns noch bevor.

Ich bleibe stehen, um mich umzusehen, und erblicke plötzlich ein Paar gelbe türkische Hausschuhe, die schon ziemlich abgenutzt sind und am Fuße eines riesigen Baumes liegen, der allein mitten auf der offenen Fläche steht. Sie werden auch nicht achtlos hingeworfen, als hätte ihr Besitzer sie weggeworfen, sondern ordentlich nebeneinander platziert; so wie ein ordentlicher alter Herr *seine* Pantoffeln neben das Feuer stellen würde, bevor er hinausgeht. Und was noch merkwürdiger ist: Obwohl mindestens ein halbes Dutzend barfüßiger Türken (die vielleicht sogar einen alten Schuh für lohnenswert halten würden) vorbeikamen und sie sahen, wagte keiner von ihnen, sie in irgendeiner Weise zu stören.

Mein griechischer Begleiter bemerkt meine Überraschung und grinst wissend, wie ein Mann, der Ihnen gerade ein Rätsel gestellt hat, von dem er sicher ist, dass Sie es nie erraten werden.

„Aha, Effendi! Glaubst du nicht, dass er ein nachlässiger Kerl gewesen sein muss, der seine Hausschuhe dort gelassen hat? Ist dir irgendetwas Merkwürdiges an diesem Baum aufgefallen?"

„Nichts als das Stück Brett darauf, das vermutlich eine Mulde bedeckt."

„Genau das ist es!" kichert der Grieche. „Es bedeckt tatsächlich eine *Mulde – schau her, Effendi!*"

Er klopft dreimal auf das „Stück Brett", das plötzlich wie eine Tür zurückschwingt und meinen erstaunten Augen in der dunklen Mulde das lange blaue Gewand, den weißen Turban und den wallenden Bart eines alten Türken offenbart.

"Friede sei mit dir!" sagt der alte Herr mit tiefer, heiserer Stimme und nickt meinem Begleiter zu, den er zu kennen scheint.

„Mit dir sei Friede", antwortet der Grieche. „Das hast du doch nicht erwartet, Effendi? Es kommt nicht jeden Tag vor, dass ein Mann in einem Baum lebt?"

„ *Lebt* er denn hier?"

„Natürlich tut er das. Hast du nicht seine Pantoffeln an der Tür gesehen? Niemand würde die Pantoffeln für Geld anfassen. Sie alle kennen den alten Selim. Er hat schließlich ein gemütliches Haus und zahlt auch keine *Miete* ! "

Tatsächlich ist der kleine Ort recht gemütlich und bietet für seine Größe sicherlich ein gutes Angebot. Auf der einen Seite befindet sich ein irdener Wasserkrug, auf der anderen ein riesiger, deckenartiger Umhang, der wahrscheinlich Herrn Selims gesamten Bettzeugvorrat darstellt. Ein kupferner Schmortopf ist an einem in das Holz gerammten Dorn befestigt, während direkt darüber ein kleiner eiserner Trichter, der sauber in ein Astloch des Stammes eingepasst ist, als Schornstein dient. An den Seiten der Mulde hängen eine lange Pfeife, ein Tabakbeutel, eine lederne Brieftasche und einige andere Gegenstände, alle mit Spuren langer Dienstzeit; Als krönenden Abschluss zeigt mir mein Führer triumphierend direkt vor der Tür ein Holzregal mit mehreren Blumentöpfen – ein Garten, der genau zum Haus passt.

Nachdem er uns diesen Einblick in seine Haushaltsführung gegeben hat, streckt der alte Herr (der während der gesamten Inspektion wie eine Statue dagestanden hat) schweigend seine Hand aus. Ich werfe einen doppelten Piaster (zehn Cent) hinein und verabschiede mich mit dem Gedanken, dass dieser alte Einsiedler auf seine Art sicherlich ein Held ist, auch wenn es gut ist, sich mit wenig zufrieden zu geben.

IN BELGIEN.

Nach vierundzwanzigstündigem Rollen und Werfen auf dem Deutschen Ozean sollte der Anblick des Landes mit einem Geist der Dankbarkeit gefeiert werden. Aber von allen unwirtlichen Küsten müssen die der belgischen Küste im Monat November die Palme tragen. Das Wasser, grau und rau, strömt kilometerweit an einen Sandstrand und zeigt kein Lebenszeichen, abgesehen von einer gelegentlich in Betrieb befindlichen Windmühle. Reihe um Reihe bilden Pappeln einen teilweisen Hintergrund. Etwas ihrer Blätter beraubt, wirken sie wie graue Säulen, die den Himmel tragen.

Wenn die niedrig gebauten Städte mit ihren roten Häusern zum Vorschein kommen und die Deiche sichtbar werden – wenn dies die erste Begegnung mit Kontinentaleuropa ist –, tritt die Fremdartigkeit deutlich hervor. Aber wenn man den Fluss hinaufsteigt, werden die Dörfer interessanter und die Spuren des Lebens häufiger. Lange bevor sie den Pier von Antwerpen erreichen, grüßen ihre Türme die Reisenden, und die Dankbarkeit ist auf jedem einzelnen Gesicht sichtbar.

Unsere kleinen Fenster in der oben genannten Stadt blickten auf ihren schönsten Park, in dessen Mitte die Rubensstatue steht. Auf der rechten Seite, aber dennoch gut sichtbar, steht die Kathedrale Notre Dame, berühmt für ihre neunundneunzig Glocken (warum nicht noch eine?) und die Meisterwerke des großen Antwerpener Künstlers.

Von diesen Gemälden ist die „Mariä Himmelfahrt", die innerhalb vergleichsweise kurzer Zeit restauriert wurde, wirklich schön, die Gesichter der einzelnen Figuren tragen einen reinen Ausdruck, der nicht charakteristisch für das Gesicht von Rubens im Allgemeinen ist. Der Ruhm der anderen ist vielleicht noch größer als der der „Mariä Himmelfahrt", und überall in unserem eigenen Land gibt es Stiche und Fotografien derselben, in Ausstellungen oder in Privatsammlungen. Davor verweilt der Kunstliebhaber zum Studieren, und das Studieren verweilt weiter. Für mich leider! Diese *Meisterwerke*, „Der Aufstieg zum Kreuz" und „Der Abstieg vom Kreuz", haben keine Attraktionen.

Die Musik der Glocken bei Sonnenuntergang entschädigt nicht nur für das Auf und Ab des Deutschen Meeres, sondern auch für die Reise über den Atlantik, besonders im Herbst, wenn die Dämmerung so kurz ist, dass die Mall am hellsten ist, wenn die Sonne untergeht. Diese Musik steht in einzigartigem Kontrast zu dem Lärm, der durch die Schritte der Bauern entsteht. Diese zahlreiche Klasse, die in der Abenddämmerung nach Hause eilt, wählt den Park als ihren kürzeren Kurs. Man kann sich das Klick-Klack der Hunderte von Holzschuhen aller Größen und Stärken, die schnell

„durchkommen", nicht vorstellen. Da diese Kleidungsstücke im Bereich der Ferse selten gut sitzen, gibt es für jeden großen Schritt eine eigene Einleitung. Die Quantität und Qualität dieses Lärms ist erstaunlich; die Neuheit, ein Charme.

Es gibt jedoch einen Ton, der in der Unterschicht der Belgier offensichtlich fehlt. Vielleicht war es nie die Erfahrung anderer, aber es konnte nicht ganz meine eigene Einbildung sein – ich vermisste die menschliche Stimme in den Gruppen der Bauernschaft. Die Ungebildeten anderer Länder haben zumindest teilweise eine gemeinsame „Mischlingssprache", aber der individuelle Wortschatz dieser Klasse ist sicherlich sehr begrenzt, was eine lange Konversation behindert. Dieses Merkmal war für mich ein befriedigender Grund für die Stille der Straßen, so überfüllt sie manchmal auch sind, und könnte der Grund dafür sein, dass der Fußweg mit seinen hölzernen Hindernissen so beeindruckend ist.

Neben dem Schuh waren die angeschirrten Hunde und die jungen Mädchen, die Lasten zogen, die Attraktion.

Wenn man eine Frau dabei sah, wie sie einen Karren drehte oder einen Karren rollte, wollte man damit nur den Schluss ziehen, dass es ihr um ihren eigenen Vorteil ging und wir weitermachen konnten. Wenn die Hunde, die alten und verachteten ihrer Art, gemächlich ihren Gemüsewagen trugen, war das, vorausgesetzt der Fahrer war freundlich, eher ein fremder Anblick als ein schmerzhafter. Oftmals legen sich diese Hunde in das Geschirr – das nicht sehr aufwendig ist – und scheinen der Situation nicht abgeneigt zu sein. Als es während unseres kurzen Aufenthalts in Belgien passierte, was oft vorkam, dass wir junge, kluge und starke Mädchen sahen, die diese Lasten trugen und häufig das Geschirr mit den oben genannten Tieren teilten, rebellierte das amerikanische Herz. Wenn sie grobe, hoydenische Mädchen wären, die den ganzen Tag herumtollen, ihre Karren zum Spaß mit Sand füllen und einen Jungen als Begleiter als Spielfahrer haben, sollten wir uns auch dann fragen: Gehen sie *nie* zur Schule?

Aber sie gehörten nicht zu dieser Klasse! Sie waren ruhig und gehorsam, hatten im Allgemeinen ein ordentliches Erscheinungsbild und nahmen ihr Schicksal im Leben aus Unwissenheit ruhig an. Ich habe noch nie einen so in Ungnade gefallenen Jungen gesehen; Nicht, dass ich mich weniger für „ihn" freue, sondern umso trauriger für „sie".

Als ich eines Tages spazieren ging und mich verirrt hatte, traf ich auf eines dieser Teams. Daran waren zwei junge Mädchen im Alter von etwa fünfzehn Jahren beteiligt – die eine spannte die Last an und zog sie, die andere hatte die Verantwortung für die Ladung, die aufgrund ihrer Fülle ständige Sorgfalt erforderte. Ich erkundigte mich nach dem Weg zum Hotel.

Ohne einen Muskel zu bewegen, setzten sie ihren Blick fort (wir hatten den Blick aus der Ferne begonnen). Sie waren so lustlos, dass sie wie Haustiere wirkten, die einen vertrauensvoll anblicken, außer dass es im letzteren Fall ein „Augenzwinkern des Erkennens" gibt. Es wurde kein Versuch unternommen, zu antworten. Nachdem ich mich umgedreht hatte, hielten sie ihre Augen auf den Raum gerichtet, den ich eingenommen hatte, als ob ich lediglich ein Hindernis für ihren Sonnenschein gewesen wäre. Eine Person, nicht weit von ihnen entfernt, antwortete auf meine Fragen und fügte mit einem Nicken in Richtung der „kleinen Arbeiter" hinzu: „Die reden nur Mischling."

Diese kleine und pummelige Frau erinnerte mich eindringlich an jemanden oder etwas in der Vergangenheit. Nach einer kurzen Überlegung finden Sie hier die Lösung:

Bevor Spielzeug in unserem eigenen Land so aufwändig geworden war, gelangten aus Holland gelegentlich Abbildungen von Zinn, die die Sennerinnen dieses Teils Europas darstellten. Sie unterschieden sich stark von den heutigen Zinnstücken, da sie dicker und weniger zerstörbar waren. Derjenige, der in meinen Besitz kam, die Freude meines Herzens, trug das kurze, weite Kleid und die Sonnenhaube mit in die Seite gestemmten Armen. Der eine, ah ich! Das wäre meine Wahl gewesen und wurde von einer Klassenkameradin gekauft, da sie zu diesem Zeitpunkt, und ich schätze, zu diesem Zeitpunkt, über das Doppelte meines Geldbetrags verfügte. Der Preis für dieses kostbare Stück betrug zwei Cent.

Die letztere Figur hatte, anders als meine, den Eimer auf dem Kopf. Es handelte sich vermutlich um ein getreues Abbild der berühmten Magd, die die Hühner im Voraus zählte und damit zeigte, dass die Menschen in ihrem Land „geborene Rechner" waren. Ich glaube, der kleine Körper, der mir den Weg zu meiner Unterkunft zeigte, stammte in direkter Linie von diesem alten mathematischen Stamm ab und war ein wenig stolz auf seine Herkunft. Ihre Sprache war eine Mischung aus Niederländisch, Französisch und, soweit ich weiß, mehreren toten Sprachen, *aber* – und ich habe ihre eigene Autorität dafür – keine Mischlingssprache. Aus Dankbarkeit gegenüber jemandem, der mich nach Hause geführt hat, sollte ich gut über diese Frau sprechen, wie über die sprichwörtliche Brücke, und bin daher durchaus bereit, ihre Aussage zu akzeptieren und ihr einen „reinen Dialekt" zu gestatten.

JOE DER SCHIMPANSE.

Als ich in England war, interessierte ich mich sehr für die Affen im Zoologischen Garten im Regent's Park in London. Es gab Hunderte aller Arten und Größen, vom riesigen Orang-Utan bis hin zu winzigen Lebewesen, die kaum größer als eine große Ratte waren.

Diese Affen hatten ein geräumiges Glashaus, das mit Dampf erhitzt wurde; und da immer eine tropische Temperatur herrschte, wuchsen in seinen Mauern hohe Palmen und üppige Weinreben so kräftig, dass ich keinen Zweifel daran habe, dass die urigen Bewohner sich in ihren Heimatorten wähnten.

Sie schwatzten und schimpften miteinander, jagten wie wild hinter streunenden kleinen Hunden und Kätzchen her und schienen wirklich so viel zu wissen, dass ich halb einem alten Tierpfleger glaubte, der mir sagte, der einzige Grund, warum sie nicht redeten, sei, dass sie sich gut genug verständigen könnten ohne.

Ich habe viele lustige Geschichten über ihre Scharfsinnigkeit gehört. Ich erinnere mich an eine Krankenschwester, die in Gegenwart einiger Affenmütter einen ungezogenen kleinen Jungen schüttelte, woraufhin alle alten Affen anfingen, alle Jungen zu schütteln, bis es schien, als würden ihnen die armen kleinen Köpfe abfallen.

Aber da ich mich für alle einzelnen Bewohner des Hauses interessierte, entwickelte ich eine Bindung zu Joe, dem jungen Schimpansen, dem im Winter zuvor ein Baby von der Küste Guineas gebracht worden war. Er hatte ein kleines Zimmer auf der Sonnenseite des Affenhauses, mit einem Herd, einem Tisch, Stühlen und ein paar Betten, die wie die Kojen in der Kabine eines Ozeandampfers angeordnet waren. Außerdem hatte er einen Mann ganz für sich allein, der ihn bediente; und es war kein Wunder, dass die anderen Affen neidisch auf sein überlegenes Quartier waren und die Ehrerbietung, die ihm erwiesen wurde; Denn obwohl Joe nicht gutaussehend war, war er mehr Geld wert als alle anderen zusammen.

Er war diese große Summe wert, weil er zu der intelligentesten und interessantesten Art der Affenfamilie gehörte und nur ein oder zwei seiner Verwandten jemals in Europa gesehen worden waren, während der einzige, den die Zoologische Gesellschaft jemals besessen hatte, gestorben war Er litt an Lungenfieber, bevor er viele Monate lang sein gemütliches Quartier bewohnt hatte.

Joe war ungefähr so groß wie ein durchschnittlicher Junge von acht oder zehn Jahren. Er trug einen dicken Stoffkarussell und eine niedrige, flache Trenchcoat-Mütze, wie sie die Oxford-Studenten so lieben.

Eines Tages ging ich zur Tür seines Zimmers und klopfte. Der Wärter sagte
„Komm rein", und während ich das tat, ging Joe aufrecht über den Boden
auf mich zu, nahm mit der linken Hand seine Mütze ab und streckte seine
rechte Hand aus, um meine zu schütteln. Als ich sagte: „Es ist ein schöner
Morgen", verbeugte er sich energisch; aber als ich hinzufügte: „Geht es dir
ganz gut, Joe?" Er schüttelte den Kopf und sah sehr nüchtern aus. Der
Torwart erklärte: „Joe hatte eine Erkältung und das machte ihn sehr
deprimiert."

Joe hörte aufmerksam zu; und als der Mann fertig war, zitterte er und zog
den Kragen seiner Jacke um seinen haarigen Hals, als wollte er seine Aussage
bestätigen.

Ich gab ihm einen Apfel, den er einen Moment betrachtete, dann öffnete er
die Ofentür seines Herdes und stellte ihn außer Sichtweite hinein. Er schien
zu verstehen, dass das Feuer schwach war, zog einen Korb unter der unteren
Koje hervor und brachte ein paar Holzstücke daraus zum Ofen. Dann reichte
ihm der Hüter ein Streichholz, und er zündete so geschickt ein Feuer an wie
jeder Yankee-Junge, den ich je gesehen habe.

„Zeigen Sie der Dame, wie Sie *die Times lesen* , Joe", sagte der Wärter.

JOE liest „ *The Times* ".

Joe zog einen Stuhl heran, neigte ihn ein wenig nach hinten, spreizte die
Beine, schlug das Blatt auf, drehte es um, bis er die gewünschte Seite

gefunden hatte, und nahm dann genau die Position des bequemen englischen Gentlemans ein, für den *die Times angeblich* gedruckt wurde seine ausschließliche Nutzung. Wir konnten uns das Lachen nicht verkneifen und das schlaue Funkeln in seinen schmalen Augen versicherte uns, dass Joe selbst wusste, wie lustig es war.

An der offenen Tür seines Zimmers hatte sich eine ganze Menschenmenge versammelt, und als er es bemerkte, steckte er die Hand in die Tasche, holte das eine Brillenglas heraus, das der Engländer so besonders berührt, und hielt es sich vors Auge, wobei er so schwach weise aussah wie Lord Dundreary selbst. Nach einer Weile wurde er der vielen Zuschauer überdrüssig, verließ seinen Stuhl und schlug ihnen leise die Tür vor der Nase zu.

Als er sich umsah, als würde er noch etwas für unsere Unterhaltung tun, erinnerte er sich an seinen Apfel im Ofen. Er rannte dorthin, ergriff die Tür, zog sich aber plötzlich zurück, denn es war heiß. Er lachte ein wenig über sein Unbehagen, das er gut verstand, blieb einen Moment stehen und dachte nach, dann benutzte er sein Taschentuch so geschickt, wie es eine zierliche Dame tun würde, um sein Ziel zu erreichen. Aber wenn die Tür heiß war, musste der Apfel, so folgerte Joe logisch, heißer sein; Deshalb wagte er es, es nicht zu berühren, bevor er sein Messer öffnete. Als ich mich fragte, was er tun würde, stellte ich fest, dass er die Klinge in den Apfel steckte und sie triumphierend herausholte. Der Hüter gab ihm einen Teller, und nachdem er den Apfel etwas abkühlen ließ, bot er ihn uns an. Wir lehnten höflich ab, aber der Diener probierte und erklärte, dass Joe nicht gerne etwas alleine aß. Dann folgte Joe, aber der Geschmack gefiel ihm nicht, und als er gefragt wurde, ob es sauer sei, nickte er. Uns wurde gesagt, dass er wie die anderen Affen Orangen und Bananen lieber mochte als alle anderen Früchte.

Joe probiert seinen Apfel.

Dennoch probierte er immer wieder ein wenig von dem Apfel aus einem Löffel, während der Tierpfleger uns erzählte, dass es den Seeleuten, die seine Mutter gefangen nehmen wollten, erst gelang, ihn lebend herauszuholen, nachdem sie sie getötet hatten. Sie mussten hart arbeiten, um ihn an Bord des Schiffes am Leben zu halten, fanden aber ein warmes Plätzchen für ihn am Feuer der Kombüse. Er war bei guter Gesundheit, als sie landeten, und so erhielten sie den hohen Preis, den ihnen der Zoologische Garten bot; aber trotz der hingebungsvollsten Fürsorge schien er in seinem neuen Zuhause zu schmachten.

„Liebst du mich, Joe?" Der Mann beendete seine Geschichte mit. Joe nickte, lächelte und legte seinen Kopf liebevoll auf die Schulter des anderen.

Als wir an diesem Tag abreisten, nahm Joe seinen Hut, seinen Stock und seinen schweren Umhang und begleitete uns zur großen Tür des Affenhauses, wo er uns zum Abschied die Hände schüttelte.

Ein anderes Mal, als ich anrief, trank er gerade Tee, benutzte Milch und Zucker und handhabte Tasse und Untertasse, als ob er sie schon seit frühester Kindheit kannte. Er bedeutete uns, Stühle zu nehmen. Wir taten es und er sprang auf, holte Tassen für uns und reichte dann einen Teller mit

Keksen weiter, während er vor Freude lachte, als wir einen nahmen. Ich habe mit vielen Neugierigen Tee getrunken, erwarte aber nie wieder, dass ich so geehrt werde, wie von einem Schimpansen eingeladen zu werden.

Als ich bemerkte, dass seine Hand fiebrig war, stellte ich fest, dass sein Puls bei 130 lag. Ich sagte: „Was ist mit ihm los?"

„Es ist der Konsum, der sie alle tötet", antwortete der Mann leise, als würde er vor einem menschlichen Kranken sprechen.

die Times unter der Überschrift „Großer Verlust", dass er um Mitternacht gestorben sei.

Ich ging sofort hinunter, um den Wärter zu sehen, dessen Trauer, wie ich wusste, sehr groß sein würde.

Er erzählte mir, wie Joe tagelang nur dazu überredet werden konnte, Essen zu sich zu nehmen, indem man ihn essen sah und hörte, wie er es lobte, wie er ihn in seiner Koje an seiner Seite schlafen ließ und wie er ihm während des letzten Kampfes die Hand hielt, als der Tod kam .

Die Stimme des Mannes war tatsächlich von Schluchzen erstickt, als er sagte: „Es scheint nicht richtig, in der Tat ist es nicht richtig, keine Beerdigung für ihn zu veranstalten! Er hätte sie haben sollen."

Ich habe nie gehört, dass Joe beerdigt wurde, aber ich habe gehört, dass er satt ist und mehr wie ein großer Junge aussieht als zu Lebzeiten.

MARKTTAG IN PAU.

Wenn Sie nicht wissen, wo Pau liegt, machen Sie es wie ich, als ich zum ersten Mal davon hörte: Schlagen Sie es auf einer großen Karte von Frankreich nach.

Unten in der südöstlichen Ecke, an der Mündung des Flusses Adour, sehen Sie die Stadt, nach der das Bajonett benannt sein soll; und wenn Sie Ihren Finger etwa einen Zoll genau östlich von Bayonne entlang bewegen, werden Sie ihn wahrscheinlich direkt unter Pau passieren.

Es ist die Hauptstadt eines der schönsten Departements Frankreichs, der Basses-Pyrénées; und sein mildes, ausgeglichenes Klima und die bezaubernde Landschaft machen es seit dreißig Jahren zu einem beliebten Winterurlaubsort für Invaliden und Vergnügungssuchende.

Als Hauptstadt der alten Provinz Béarn und als Sitz der alten königlichen Burg, wo die Gastons und Margeriten ihre Blütezeit erlebten und wo Heinrich IV. Als Geburtsort Frankreichs hat Pau viele interessante historische Assoziationen, denen wir jedoch entschieden den Rücken kehren müssen, wenn wir heute Morgen auf den Markt gehen wollen.

Am Montag ist in Pau immer Markttag, und dann kommt das Land gewaltsam herein und nimmt Besitz von der Stadt. Um fünf Uhr morgens verkünden das Rumpeln von Wagenrädern und das Klappern von Treibschuhen unten in den kalten, grauen Straßen das Herannahen einer ländlichen Armee aus den umliegenden Dörfern. Sie kommen den ganzen Vormittag über von allen Seiten, und wenn wir irgendwohin gehen – etwa zu den Alléés de Morlaäs, wo wir auf einer der Bänke unter den Bäumen sitzen und ab und zu auf die fernen verschneiten Pyrenäen blicken können –, dann sind wir werde den endlosen Strom von Marktleuten sehen.

Die Männer tragen runde Wollmützen ohne Schirm, Baskenmütze *genannt* ; ein kurzes Kleid, meist aus grobem Baumwollstoff, das so weit um den Hals gerafft ist, dass es ihre gedrungenen Figuren nicht verbessert; und riesige Holzschuhe, die über die Gehwege klappern und stampfen und an regnerischen Tagen eine unglaubliche Menge Landschlamm mit sich führen.

Das auffälligste Merkmal an der Kleidung der Frauen ist das helle Foulard-Taschentuch, das anstelle von Hut oder Haube dient. Es wird je nach Geschmack und Alter des Trägers zusammengestellt und ist in der Lage, vielfältige Wirkungen zu erzielen.

EINE BÄUERIN.

Der Reiseführer versichert uns, dass die *Paysannes* barfuß auf den Landstraßen laufen; aber wenn sie sich der Stadt nähern, bedecken sie ihre abgenutzten Füße mit den geschätzten Schuhen und Strümpfen, die so vor Abnutzung verschont geblieben sind.

An einem kalten Frühlingsmorgen sahen wir eine Gruppe von Frauen mit riesigen Holzbündeln auf dem Kopf einen Hügel bei Lourdes hinabsteigen. Während wir Mitleid mit den nackten Füßen hatten, die sich den steilen Weg hinuntermühten, entdeckten wir plötzlich ihre Schuhe, die an den Reisigbündeln baumelten, wo sie sie rücksichtsvoll abgelegt hatten, um keinen Schaden zu nehmen.

Die Stärke dieser kleinen Bäuerinnen ist wunderbar. Sie gehen mit großen Schritten davon, tragen schwere Lasten auf dem Kopf und stricken manchmal dabei. Viele der jungen Mädchen sind sehr hübsch; Aber Belichtung und harte Arbeit verwandeln die frische Tönung und die anmutigen Umrisse bald in ein braunes, faltiges Gesicht und eine hagere, ungelenke Figur.

Wenn wir hier sitzen, werden wir von einem flotten jungen Geschöpf angezogen, das mit einem großen, runden, flachen Korb mit Salat oder *Choux de Bruxelles* auf dem Kopf herumstolpert und ihn achtlos mit einer Hand festhält, während sie in der anderen ein Paar Hühner trägt oder ein Korb voller Eier. Aber wie können wir eine eingeklemmt aussehende Frau sehen, die sich unter einer großen Tüte Kartoffeln entlangschleppt oder Steine auf der Straße zertrümmert, ohne selbst müde und traurig zu sein? Und weder die Traurigkeit noch die Müdigkeit werden gemildert, wenn wir, wie wir es immer tun, sehen, dass eine Frau, wenn sie mit einem Mann zusammenarbeitet, ihr großzügig das schwerste Ende der Last überlässt.

OCHSEN-TEAM.

Das Holz wird auf schwerfälligen, meist zweirädrigen und oft überdachten Karren angeliefert. Die Körper der Ochsen und Kühe, die diese Karren ziehen, sind mit groben Leinendecken behängt, und quer über ihren Köpfen ist ein Streifen Schaffell angebracht, der mit der zottigen Seite nach außen und der dürren Seite nach innen getragen wird. M. Taine erzählt es uns in seinem Buch Buch über die Pyrenäen, dass er die Köpfe der Rinder sah, die durch Fadennetze und Farne geschützt waren, was, wie ich vermute, ihre übliche Sommerfrisur ist; denn in einem Land, in dem die Herren im Winter Sonnenschirme tragen und große weiße Luftschlangen von ihren Hüten hängen, um Kopf und Nacken vor den zu glühenden Sonnenstrahlen zu schützen, könnte sich sogar der „geduldige Ochse" darüber beschweren Untauglichkeit eines Kopfschmuckes aus Schaffell.

Der Treiber des Ochsengespanns ist mit einem langen Stock bewaffnet, an dessen Ende sich ein eiserner Stachel befindet. Dies nutzt er entweder, um das Vieh zu führen, indem er vor ihnen hergeht und den Stock mit einer seltsamen, steifen Geste nach hinten streckt, oder indem er die armen Tiere sticht und stupst, bis sie kaum noch wissen, in welche Richtung sie sich wenden sollen. Die meist hellbraunen Rinder sind sehr groß und fein; aber es kommt uns seltsam vor, Kühe zu sehen, die das Joch tragen.

Aber, oh! der Esel! Der Weise, der Harte, der Musikalische, der Unwiderstehliche, der universelle Esel! Wie soll ich einem anerkennenden

Geist, der täglich Gelegenheit hat, seine „Tricks und Manieren" zu studieren, jemals eine Vorstellung davon vermitteln, was aus ihm wird?

Stellen Sie sich einen dieser langohrigen, ernstäugigen Adligen vor, kaum größer als ein stattlicher Neufundländer, der mit einer Doppelpacktasche an den Seiten und einer dicken Marktfrau auf dem Rücken joggt.

„EINER DIESER LANGOHRIGEN, ERNSTÄUGIGEN ADLIGEN."

Aber das Missverhältnis zwischen der Größe des Tieres und der seiner Last sowie seiner Ernsthaftigkeit und Umsicht ist hier kaum lustiger, als wenn es vor einen zweirädrigen Karren gestellt wird, der eineinhalb Stockwerke höher ist als er selbst und einen Mann enthält , eine Frau, ein Junge und ein Schwein; manchmal Kohlköpfe und Hühner, oft zwei oder drei unerfahrene Kälber. Und am Nachmittag, wenn der Markt zu Ende ist, habe ich oft sechs oder sieben Frauen gesehen, die in einem dieser primitiven Wagen zusammengepfercht waren, jede mit dem unvermeidlichen Strumpf ausgestattet, ihre Zunge und ihre Stricknadeln, um den Takt zu halten, während der Wagen über das Berühmte kippte Straßen der Basses-Pyrénées. Die bunten Taschentücher der Frauen, die purpurnen, blauen und grauen Strümpfe mit ihren blinkenden Nadeln und die riesigen braunen Brote, die sicher an verschiedenen Stellen hervorstanden, machten diese Gruppen, die vom Markt zurückkehrten, zu einem äußerst malerischsten Anblick.

Alléés de Morlaàs kommen, finden wir, als wir uns dem *Place des Eçoles nähern* , eine belebte Szene. Der breite Bürgersteig ist gesäumt von Reihen von Frauen, die Gemüse, Obst, Blumen, Geflügel und Eier verkaufen. Das Feilschen der Käufer und die Sticheleien der Verkäufer werden, obwohl sie in einem für uns unverständlichen *Patois vorgetragen werden* , in Tönen ausgedrückt und von Gesten begleitet, die sie recht wirkungsvoll übersetzen; Zumal kein Markttag ohne einen langen Vortrag unserer Katharina vergeht, der die Gier der Bauern und ihre eigene überlegene Finesse veranschaulicht.

„Wie viel willst du für dieses Huhn?"

„Drei Franken."

„Bewahren Sie Ihr Huhn auf, damit es jemand anderes sieht. Ich gehe zu einem anderen."

„Bleib! Was gibst du dafür?"

„Zwei Franken."

"Mit dir klarkommen!"

Als Catherine das Huhn betrachtet, das sie heimlich bewundert und offen misshandelt, kommt eine andere Köchin und legt ihre Hand auf seine hübsche Brust. Es ist ein entscheidender Moment, aber Catherine ist der Not gewachsen.

„Halten Sie sich da zurück! Ich bin zuerst hier."

Dann, mit dem geheimen Entschluss, dass ihre *Demoiselles dieses kleine, dicke Poulet* essen sollen , bietet sie fünfzig Sous an und nimmt den Preis mit. Zu sehen, wie sie mit einem Kellner, auf dem ein Dutzend schöner rosa Äpfel und zwei große rostrote Birnen liegen, unseren *Salon betritt* , mit der Frage: „Ratet mal, wie viel ich für alles bezahlt habe?" Das steht in jeder Zeile ihres klugen alten Gesichts geschrieben: Es lohnt sich, dafür nach Europa zu kommen. Ein gutes Geschäft machen, ein gutes Abendessen kochen und nie etwas verschwenden, das sind die Ziele ihres Lebens und die Themen ihres Diskurses.

Unsere gemütliche *Wohnung* liegt gegenüber dem *Place des Eçoles* , wo Holz und Vieh verkauft werden. und der erste Blick am Morgen gibt uns ein Bild, lebhaft genug und fremdartig genug, um uns mehrmals am Tag hinschauen zu lassen, bis zum späten Nachmittag, wenn der *Ort* fast kahl ist; und der Anblick der wenigen geduldigen, aber ziemlich niedergeschlagen aussehenden Bauern, deren Holz noch keine Käufer gefunden hat, verführt uns fast dazu, rüberzulaufen und ein oder zwei Ladungen zu kaufen, nur um das Vergnügen zu haben, die armen Geschöpfe leichteren Herzens und schwereren Geldbeutels nach Hause zu schicken. Was würde Catherine dazu sagen, frage ich mich?

Abgesehen von dem Interesse, das wir an den verschiedenen natürlichen Anhängern der Holzkarren empfinden (und jeder hat zwei bis fünf beiderlei Geschlechts und in allen Größen), empfinden wir nicht wenig Belustigung durch ihre Gönner, die alle Arten von Stadtbewohnern repräsentieren , von der dicken alten Frau aus dem grünen Lebensmittel- und Wurstladen gegenüber, die mit lockerer Freundlichkeit unter den Marktleuten hausiert, bis zu dem herrschaftlichen jungen Engländer, der mit der Miene eines erobernden Helden und hochmütig auf den *Platz stürmt* zeigt mit seiner Reitpeitsche die Last an, die die Ehre hat, seine Zustimmung zu finden.

Scharen munterer Kälber sind verstreut, und Gruppen blauer Blusen und roter *Baskenmützen* diskutieren ernsthaft über die Verdienste der ahnungslosen Unschuldigen. Seltener lockt eine schöne Kuh oder ein Ochsengespann einen Kreis von Kennern an; dann wird das *Patois* fließender und die Gesten lebhafter, und man sieht, wie die Fäuste der Interessenten unangenehm neben den verächtlichen Nasen der Kritiker aufblühen.

Das anhaltende und durchdringende Quieken dieses Schweins in der *Rue des Cultivateurs* erinnert mich daran, dass dieses interessante Tier hauptsächlich in den Szenen des Markttages vorkommt. Da Schweinefleisch ein wichtiger Bestandteil der bäuerlichen Ernährung ist, ist Mr. Piggy montags immer im Ausland und trägt maßgeblich zum allgemeinen Jubel bei.

Die beliebteste Art, ein mittelgroßes Schwein zu transportieren, besteht darin, es um den Hals zu legen und mit einer Hand seine Hinterpfoten und mit der anderen seine Vorderpfoten zu halten. Obwohl diese Methode mit einigen Nachteilen verbunden ist, wie z. B. der Nähe des Quietschers zum

Ohr des Trägers, ist sie im Großen und Ganzen weniger besorgniserregend als das Anbinden einer Schnur an eines der Hinterbeine seines Schweinsschiffs, was ihm die Sicherheit gibt eine Chance, sich mit mehr oder weniger Wirkung durchzusetzen, während der Bauer hektisch in die entgegengesetzte Richtung ruckelt.

Nicht selten wird ein Schwein im Karren seines neuen Besitzers vom Markt nach Hause gefahren. Dann wehrt er sich getreu seiner Natur und seinen Prinzipien mit der ganzen Kraft seiner Beine und Lungen gegen die Ehre, die ihm zuteil wird; so dass er, mit einem Mann an seinen Hinterbeinen, einer Frau an seinem linken Ohr und einem Jungen an seinem rechten Vorderbein, nur schwer zu seiner Kutsche geführt werden kann und dort unterwegs von jener „ewigen Wachsamkeit" gehalten wird, die ihn umgibt ist in mehrfacher Hinsicht „der Preis der Freiheit".

„EINE GRAUHAARIGE SPINNERIN MIT IHREM URALTEN SPINNROCKEN."

In der *Rue Porte Neuve* und in der Nähe der *Halle Neuve* , im Zentrum der Stadt, sind die Verkäufer von landwirtschaftlichen Geräten, Küchengeräten, Schlössern und Schlüsseln, gebrauchten Büchern, Taschentüchern, Kragen, Manschetten, Hüten, Armbändern, Ringen, Körben, Besen, Flaschen, Mausefallen und andere verschiedene Gegenstände stellen ihre Waren zur Schau, und ein plötzlicher Regenschauer macht in dieser geschäftigen Gemeinde schlechte Arbeit.

An der *Halle Neuve* befindet sich auch der Obst- und Gemüsemarkt, und ein Stück weiter, in der *Rue de la Préfecture* , stoßen wir plötzlich auf einen hohlen Platz, der an drei Seiten von antik aussehenden Gebäuden umgeben ist, darunter die *Nieille Halle* ; und hier gibt es Fisch, Geflügel und Wild und die seltsamsten Marktleute in der ganzen Stadt, wie mir scheint.

Place Royal gibt es einen Blumenmarkt , und Sie werden dort die spanischen Frauen mit ihren Tüchern und Schmuckstücken sehen, die ein paar Sous von den Bauern ergattern wollen.

Wir können unser Interesse jedoch nicht auf das Marktvolk beschränken, denn in diesem fremden Land ist jeder mehr oder weniger malerisch, und wir werden nicht müde zu sagen: „Sehen Sie hier" und „Sehen Sie dort". Manchmal ist es eine grauhaarige Spinnerin mit ihrem uralten Spinnrocken, die unsere Aufmerksamkeit auf sich zieht, wenn sie in einer sonnigen Türöffnung sitzt oder den Bürgersteig entlang wankt; und dann sind da noch die Eskapaden dieser ausländischen Kinder! Béarnais-Jungen stehen genauso gerne auf dem Kopf wie ihre amerikanischen Brüder, aber ihre großen und schweren *Treibschuhe* sind eine große Unannehmlichkeit.

Schauen Sie sich nur die Holzschuhe an, die dort drüben auf dem Bürgersteig aufgereiht sind, während ihre Besitzer ihre emanzipierten Absätze in feinem Stil schwenken.

Dies sind einige der Sehenswürdigkeiten eines Markttages in Pau; Aber wie kann man überhaupt eine Vorstellung von den Geräuschen bekommen? Denn wenn wir zum Trubel des Markttags noch die verschiedenen alltäglichen Straßenschreie hinzufügen, die sich damit vermischen, entsteht ein seltsames Orchester.

Es gibt die Kohlemänner, die mit einer hohen Tonart beginnen und in einem fast unmöglichen Abstand zu einem verlängerten, nasalen, klingenden Ton abfallen; die alten Männer, deren *Patois* für Lumpen so genau wie der Name meiner Begleiterin klingt, dass sie sicher ist, dass sie hinter den Kleidern her sind, die sie in Pau wirtschaftlich trägt; die Schornsteinfeger; die *Jonchée* - Frauen, die Frischkäse verkaufen, gerollt in Zwiebelringen; die gerösteten Kastanienfrauen, deren schrilles „Tookow!" (*Patois* für „ *Tout chaud* ") deutet auf kochend heiße Kastanien in platzenden Schalen hin; und die Töpfer- und Tonmänner, die ihre Waren in langen, flachen Karren vor sich herschieben und in einem langen Rezitativ den gesamten Katalog der Delf- und Töpferwaren vortragen.

Am Nachmittag, wenn der Lärm und die Aufregung nachlassen, hören wir ein paar oft wiederholte Töne aus einer Hirtenpfeife, die ich gerne nennen würde; nur ähnelt das betreffende Instrument keineswegs einem solchen, sondern eher einem jener kleinen Musikspielzeuge mit einer Reihe von Löchern entlang einer Seite, auf denen unsere Kinder zu Hause so gerne spielen. Unser Hirte schafft es jedoch, mit seiner einfachen Stimme eine pastorale Wirkung zu erzielen, und wir begünstigen die Illusion der Pfeife, indem wir ihm nur zuhören, während wir seine hübschen Ziegen mit langen, seidenschwarzen Haaren betrachten. Er führt sie zweimal täglich durch die Stadt, und auf seinen Ruf hin schicken diejenigen, die Ziegenmilch wünschen, ihre Gläser hinaus und lassen sich von einer an der Tür gemolkenen Ziege warme Milch holen. Als seine letzten schwachen Töne in der Ferne verklingen, verblasst das rosige Licht von den Gipfeln der Pyrenäen; Die Sonne ist untergegangen und der Markttag ist vorbei.

IL SANTISSIMO BAMBINO.

Auf dem Kapitol in Rom steht eine zwölfhundert Jahre alte Kirche namens Ara Coeli. Von außen wirkt es wenig vielversprechend, im Inneren ist es jedoch reich an Marmor und Mosaiken.

Der wertvollste Besitz dieser alten Kirche ist jedoch eine Holzpuppe namens Il Santissimo Bambino – das heiligste Kind. Es ist gekleidet wie ein italienisches Baby, und ein italienisches Baby ist gekleidet wie eine Mumie. Wir sehen sie oft in den Armen ihrer Mütter, so eingehüllt, dass sie sich kaum bewegen können wie ein Bündel ohne Baby darin. Ihre kleinen Beinchen sehnten sich nach der Freiheit des Tretens. Die Kleidung des *Bambino* unterscheidet sich schließlich sehr von der *eines* Bambinos, denn sie besteht aus silbernem Stoff und glitzert überall mit Juwelen, die man ihm geschenkt hat, und auf dem Kopf trägt er eine goldene Krone.

Dies ist die Geschichte dieser bemerkenswerten Puppe, wie gläubige Katholiken glauben. Sie müssen selbst beurteilen, wie viel davon Wahrheit und wie viel Fabel ist.

Man sagt, dass dieses Bild des kleinen Erlösers von einem in Palästina lebenden Mönch aus Olivenholz geschnitzt wurde, das auf dem Ölberg wuchs; und da er keine Möglichkeit hatte, es mit ausreichender Schönheit zu malen, überredeten seine Gebete den heiligen Lukas, vom Himmel herabzukommen und es für ihn zu malen. Dann schickte er es nach Rom, um beim Weihnachtsfest dabei zu sein. Unterwegs erlitt es Schiffbruch, kam aber schließlich sicher an Land und wurde von den Franziskanermönchen mit großer Ehrfurcht empfangen, die es in einem Schrein in Ara Coeli aufstellten. Bald stellte sich heraus, dass er über die wundersame Kraft verfügte, Kranke zu heilen, und er wurde so oft zu ihnen geschickt, dass er zeitweise mehr Honorare erhielt als jeder andere Arzt in Rom. Es verfügt über einen eigenen Wagen, in dem es ins Ausland fährt, und über eigene Bedienstete, die es mit größter Sorgfalt bewachen.

Eine Frau war so egoistisch, dass sie glaubte, es wäre etwas Großartiges, wenn sie dieses wunderbare Bild für sich und ihre Freunde in den Besitz bringen könnte.

DER BAMBINO.

„Sie ließ eine weitere Puppe von derselben Größe und demselben Aussehen wie der ‚Santissimo' anfertigen, und nachdem sie vorgetäuscht hatte, krank zu sein und die Erlaubnis erhalten hatte, sie bei sich zu lassen, kleidete sie das falsche Bild in ihre Kleidung und schickte sie an Ara Coeli zurück Der Betrug wurde erst in der Nacht entdeckt, als die Franziskanermönche durch heftiges Glockengeläut und donnerndes Klopfen an der Westtür der Kirche geweckt wurden und, als sie dorthin eilten, nichts außer einem kleinen, nackten, rosafarbenen Fuß sehen konnten, der hereinlugte Unter der Tür hervor; aber als sie die Tür öffneten, stand draußen die kleine nackte Gestalt des wahren Bambino von Ara Coeli und zitterte im Wind und Regen. So wurde das falsche Baby in Ungnade zurückgeschickt und das echte Baby wieder in seinen Besitz gebracht zu Hause, nie mehr allein wegzutrauen."

Diese wunderbare Flucht wird ordnungsgemäß in der Sakristei der Kirche dokumentiert, wo der Bambino das ganze Jahr über sicher unter Verschluss bleibt, außer in der Zeit von Weihnachten bis zum Dreikönigstag, wenn er herauskommt, um die Huldigung des Volkes entgegenzunehmen.

Wir haben es letztes Weihnachten gesehen.

Wie ich Ihnen bereits sagte, steht die Kirche auf einem der sieben Hügel der Ewigen Stadt; Der Zugang erfolgt über eine Steintreppe, die so breit ist wie das Gebäude selbst und so hoch wie der Hügel. Auf diesen Stufen waren viele Bettler; einige alt und blind, andere jung und strahlend. Neben den Bettlern gab es Menschen mit winzigen Bildern des Babys in der Krippe, Spielzeugschafen und Bildern des Bambino zum Verkauf.

Als wir die Kirche betraten, fanden wir eine der Kapellen vor, die wie ein Tableau aufgebaut war. Die Kapellen sind so etwas wie große Nischen an den Seiten einer Kirche. Jedes ist einem Heiligen geweiht und gehört oft einer bestimmten Familie, die dort ihre Hochzeiten und Beerdigungen abhält.

In der zweiten Kapelle auf der linken Seite fanden wir die dargestellte Szene. Die Jungfrau Maria war in leuchtend blaue Seide gekleidet und mit verschiedenen Juwelen geschmückt. Auf ihrem Schoß lag der Bambino, etwa so groß wie ein sechs Wochen altes Baby. Ich glaube nicht, dass der heilige Lukas sein Gesicht bemalt hat, denn es war nicht halb so gut gemacht wie die meisten Holzpuppen, die wir sehen. Ein künstliches Maultier hatte seine Nase nahe am Kopf des Babys. Josef saß daneben, und vor ihm knieten die Hirten. Alle diese Menschen waren lebensgroß, aus Holz und trugen echte Kleidung. Dahinter war eine hübsche Landschaft zu sehen – mit echter Wolle bedeckte Schafe, ein Mädchen mit einem Krug auf dem Kopf, das einen Weg hinunter zu einem glitzernden Glasbrunnen *kam* . In der Ferne lag die Stadt Bethlehem. In der Luft schwebte ein Engel, der an einem Draht im Rücken von der Decke hing. Auf Pappschirmen war über der Jungfrau und dem Kind eine Schar herabschauender Putten gemalt, und in ihrer Mitte war Gottvater – den niemand gesehen hat oder sehen kann – in der Gestalt eines ehrwürdigen Mannes dargestellt, der seine Hände zum Segen ausbreitete über die Gruppe unten.

DIE AUSRÜSTUNG DES BAMBINO.

Viele kleine Kinder kamen mit den älteren Leuten, um sich das alles anzusehen, und redeten in ihrer hübschen italienischen Sprache über den „Bambino".

Der Dreikönigstag ist, wie Sie vielleicht wissen, der Tag, der an den Besuch der Weisen erinnert, an dem der Stern im Osten zur Wiege unseres Erlösers führte. An diesem Tag sollte Il Santissimo Bambino mit aller Zeremonie zurück in die Sakristei getragen werden; Also haben wir uns das angesehen.

Wir waren froh, dass die Heilige Jungfrau zwei schöne Seidenkleider hatte; sie war von Blau zu Rot gewechselt und der Bambino stand auf ihrem Knie. Die Hirten waren gegangen, und die Weisen waren gekommen, alle sehr prächtig in geblümtem Brokat und goldenem Stoff, mit Kronen auf dem Kopf und Pagen, die ihre Schleppe hielten.

Es dauerte noch ein oder zwei Stunden, bis der „Umzug des Bambino" beginnen würde; Also verließen wir die Seitentür der Kirche und schlenderten in der Zwischenzeit auf dem Kapitol umher.

Wir gingen die Stufen hinunter, wo Tiberias Gracchus, der Freund des Volkes, vor etwa zweitausend Jahren getötet wurde. Das brachte uns auf einen kleinen Platz namens Piazza di Campidoglio. Es ist auf drei Seiten von öffentlichen Gebäuden umgeben und an der Vorderseite führt eine große Treppe hinunter zur Straße. Genau an diesem Ort hielt Brutus nach der Ermordung von Julius Cäsar seine berühmte Rede. Wir überquerten den Platz, gingen einige Stufen hinauf und durch einen Torbogen.

Eine Schar kleiner Römer spielte dort Soldat, und der kleine Tambourmajor ließ mit seiner rasselnden Musik die Mauern des Kapitols erklingen. Das erinnert mich daran, Ihnen zu sagen, dass der Weihnachtsmann Italien nicht besucht; aber stattdessen kommt eine alte Frau namens Navona. Soweit ich weiß, könnte sie seine Frau sein; Tatsächlich scheint es ziemlich wahrscheinlich, denn sie hat, genau wie er, die Art, durch den Schornstein herabzukommen, um Geschenke für die braven Kinder und Schalter für die Unartigen zu bringen. Das müssen sehr brave kleine Jungen gewesen sein, denn jeder von ihnen schien ein neues Schwert oder eine neue Waffe zu haben. Wahrscheinlich muss Navona das Haus behalten, während der Weihnachtsmann wegen seines Weihnachtsgeschäfts unterwegs ist, und das ist der Grund, warum sie ihre kleinen Leute hier erst in der Nacht vor dem Dreikönigstag, dem 6. Januar, erreicht.

Wir gingen eine Gasse voller Armenhäuser entlang, wichen den Kleidern aus, die zum Trocknen über unseren Köpfen hingen, und gelangten zu einem großen grünen Tor in der hohen Steinmauer eines Gartens. Wir klopften, aber niemand antwortete. Plötzlich kam ein schwarzäugiger kleiner Junge auf uns zugerannt, froh, zwei oder drei Sous zu verdienen, indem er den *Custode* *rief*. Während wir darauf warten, dass er es tut, muss ich Ihnen sagen, warum wir durch diese grüne Tür gehen wollten. Sie haben, entweder auf Latein oder Englisch, die Geschichte von Tarpæia, der römischen Jungfrau, gelesen, die sich bereit erklärte, den lateinischen Soldaten den Weg in die Zitadelle zu zeigen, wenn sie ihr das geben würden, was sie an ihrem linken Arm trugen, also ihre Armbänder, und dann der grimmige Scherz, den sie spielten, nachdem sie ihren Teil getan hatte, indem sie ihre Schilde auf sie warfen, die auch „das waren, was sie auf ihren linken Armen trugen".

Wir wollten durch das Tor gehen, um den Tarpæian-Felsen zu sehen, zu dem sie die Feinde ihres Landes hinaufführte und von dem später Verräter hinabgeschleudert wurden. Plötzlich kam die Wärterin, eine rosige junge Frau, und führte ein kleines Mädchen, das sich über eine neue Puppe, die sie am Arm baumelte, sehr reich fühlte.

Wir wurden in einen kleinen Garten eingelassen, in dem hübsche rosa Rosen blühten und Orangen an den Bäumen hingen, obwohl die Eiszapfen den nicht weit entfernten Brunnen säumten. Am Rande des Gartens, entlang der Klippe, verläuft eine dicke Mauer aus braunem Stein; Wir beugten uns darüber und schauten den steilen Felsen hinab, den in alten Zeiten eine angreifende Gruppe nach der anderen zu erklimmen versuchte.

Auf dieser Seite versuchten die Gallier, die Zitadelle zu erreichen, als die Gänse die Stadt retteten. Wussten Sie, dass lange Zeit jedes Jahr ein Hund auf dem Kapitol gekreuzigt und eine Gans triumphierend getragen wurde, weil die Hunde es bei dieser Gelegenheit nicht schafften, Alarm zu schlagen, und die Gänse es taten!

Wir schauten auf die Dächer und in die Höfe der armen Häuser, die dicht am Fuße des Hügels standen, aber dahinter konnten wir auf das Forum hinabblicken, wo Virginia erstochen wurde, wo Horatius die Beute der Curiatii aufhängte, wo der Leichnam von Julius Cäsar verbrannt wurde, wo der Kopf von Cicero auf dem Podium, wo man oft den Triumph seiner Beredsamkeit gesehen hatte, grausam entblößt wurde. Uns gegenüber stand der Palatin, eine Ansammlung zerfallender Paläste; Etwas weiter entfernt erhob sich die mächtige Mauer des Kolosseums, wo einst die Gladiatoren kämpften und wo so viele christliche Märtyrer den wilden Tieren vorgeworfen wurden, während Zehntausende ihrer Mitmenschen, grausamer als Löwen, zusahen Sport.

Direkt an den Wurzeln des Kapitols, ganz in der Nähe, wenn auch außer Sichtweite, befand sich das Mamertine-Gefängnis, in dem einst der heilige Paulus, dessen die Welt nicht würdig war, in der düsteren Dunkelheit des Kerkers eingesperrt war.

FAMILIE RÖMISCHER BETTLER.

Als wir vom Garten zurück zur Piazza di Campidoglio gingen, sahen wir, dass im Palast links von der Hauptstadt etwas Ungewöhnliches vor sich ging. In der Tür stand ein Wächter in einem prächtigen Gewand aus purpurroter und goldener Spitze. Als wir durch den gewölbten Eingang blickten, konnten wir im Innenhof eine offene Kutsche mit Fahrer und Diener in leuchtend scharlachroter Livree sehen. Auf den Fluren versammelte sich eine Art Menschenmenge. Wir hielten an, um zu erfahren, worum es ging. Eine Italienerin antwortete: „La Principessa Margarita!" und eine englische Dame in der Nähe erklärte, dass Prinzessin Margaret, die Frau des Kronprinzen, gekommen sei, um Preise an die Kinder der öffentlichen Schulen zu verteilen. Es konnten nur geladene Gäste anwesend sein, aber die Leute warteten darauf, sie herunterkommen zu sehen. Also schlossen wir uns den Leuten an und warteten ebenfalls.

Es war eine lange Zeit und ziemlich kalt. Hin und wieder heiterte eine Blaskapelle im Hof unsere Stimmung auf. Die schöne Figur der Prinzessin wirkte zunächst ziemlich aufgeregt, weil die Trompeten so nah an ihren Ohren klangen, aber sie hielten tapfer stand. Wenn einer der scharlachroten Lakaien eine Schnalle festzog, weckte das unsere Hoffnung, dass seine Geliebte käme; der andere steckte sich eine frische Zigarre in den Mund, und sie sanken.

Währenddessen ging der Wachmann in dem goldbesetzten purpurroten Mantel und den gelben Seidenstrümpfen auf und ab. Endlich kam ein Bote von oben; Die königliche Kutsche fuhr unter dem Torbogen in unserer Nähe hindurch. Es gab ein Rascheln, und die fürstliche Dame kam herab, in purpurnen Samt gekleidet, mit malvenfarbenen Federn auf dem Hut, einem weißen Schleier vor dem Gesicht und einem großen Blumenstrauß in ihrer weißbehandschuhten Hand – ziemlich hübsch und sehr anmutig. Bevor sie ihre Kutsche betrat, drehte sie sich um und schüttelte den Damen und Herren, die sie begleitet hatten, die Hand. Sie war sehr gefällig und verneigte sich tief vor ihnen, und sie verneigten sich immer noch vor ihr. Dann verneigte sie sich gnädig vor der Menge rechts und links, und sie antworteten dankbar. Sie lächelte ihnen zu, hoch und niedrig, aber in ihrem Gesicht, als es nah an mir vorbeiging, lag ein Ausdruck, als hätte sie es satt, für die Öffentlichkeit zu lächeln. Sie setzte sich in die Kutsche; Die Hofdame nahm ihren Platz neben ihr ein, der Hofherr warf ihnen das mit hellblauem Samt gefütterte Kutschengewand aus weißem Hermelin über und stieg selbst ein.

Dann rollte die Equipage los, und die scharlachroten Lakaien stiegen hinter ihnen auf, als sie losfuhren. Diese Prinzessin ist sehr gut und freundlich, wird vom Volk sehr geliebt und da es keine Königin gibt, ist sie die First Lady im Königreich. Ihr Ehemann zuerst und ihr kleiner Sohn als nächstes sind die Erben der Krone.

Als diese Show zu Ende war, eilten wir zurück zur Kirche, aus Angst, wir hätten den Bambino bei unserer Verfolgung der Prinzessin verpasst. Aber wir waren rechtzeitig dran. Auf der dem Tableau gegenüberliegenden Seite der Kirche befand sich eine kleine, provisorische Plattform. Darauf wurden nacheinander kleine Jungen und Mädchen gesetzt, um kurze Stücke zu sprechen oder Verse über das Christuskind aufzusagen. Es war eine Art Sonntagsschulkonzert auf Italienisch. Die Sprache ist im Mund eines Kindes sehr süß. In der Kirche waren sehr viele aufgeweckte, schwarzäugige Kinder, und die meisten von ihnen schienen ihre Weihnachtsgeschenke mitgebracht zu haben, als wollten sie sie dem Bambino zeigen.

In der Menge befanden sich zerlumpte Männer, Mönche und Landfrauen, die sich Taschentücher als Hauben über den Kopf gebunden hatten. Eine von ihnen, die in meiner Nähe stand, hatte ihren Zeigefinger bis zum letzten Glied mit Ringen bedeckt. Das ist ihr großer Ehrgeiz in Sachen Kleidung.

Schließlich hörte die Orgel auf zu spielen und man hörte die Töne einer Militärkapelle. Dann sahen wir, wie sich ein Banner langsam durch einen der Gänge bewegte, gefolgt von einer Reihe beleuchteter Kerzen. Über den Köpfen der Menschen konnten wir nur das Banner und die Lichter sehen; Sie gingen weiter und blieben stehen, um den Bambino entgegenzunehmen. Dann marschierten sie langsam um die Kirche herum – die Leute fielen im Vorbeigehen auf die Knie.

Sie gingen zur Vordertür hinaus, und das heilige Bild wurde hoch in die Höhe gehalten, damit alle Menschen auf der großen Treppe und auf dem Platz darunter einen Blick darauf werfen und gesegnet werden konnten. Dann kamen sie mitten durch die Kirche hinauf zum Hochaltar. Dies war unsere Chance, sie perfekt zu sehen.

Zuerst wurde das Banner mit dem Bild der Jungfrau von einem jungen Priester getragen, der ein langes schwarzes Gewand und ein weißes, kurzes, mit Spitze besetztes Gewand trug; Als nächstes kam eine lange Prozession von Männern in gewöhnlicher Kleidung, die lange und große Wachskerzen trugen, von denen sie die unangenehme Angewohnheit hatten, beim Vorbeigehen zu tropfen.

„Diener großer Häuser“, bemerkte eine Dame hinter mir.

„Früher kamen sie selbst“, antwortete ein anderer.

Dann folgten Franziskanermönche in ihren braunen Roben, jeder mit einem geknoteten Seil als Gürtel und Sandalen nur an seinen nackten Füßen. Danach kam die Musikkapelle, allesamt kleine Jungen; Und nun näherten sich mit gemessenem Schritt drei Priester in reichen Gewändern aus weißem Brokat, die mit Silber geschmückt waren. Der mittlere, ein großer, ehrwürdig aussehender Mann mit graugrauem Haar und ernstem Gesicht, hielt die heilige Puppe aufrecht in seinen Händen. Als es vorüberging, fielen die Gläubigen auf die Knie. Als er den Hochaltar erreichte, küsste er ehrfurchtsvoll seine Füße und übergab ihn seinem Hüter, damit er ihn in die Sakristei trug!